1 MONTH OF
FREE
READING

at

www.ForgottenBooks.com

By purchasing this book you are eligible for one month membership to ForgottenBooks.com, giving you unlimited access to our entire collection of over 1,000,000 titles via our web site and mobile apps.

To claim your free month visit:

www.forgottenbooks.com/free618127

ISBN 978-0-666-38514-7
PIBN 10618127

Auserlesene Reden

der

Kirchenväter,

auf

die Sonn- und Fest-Tage
des christlichen Jahres,

zur

Beförderung des öffentlichen Predigtamtes und zur
Belebung der häuslichen Andacht.

Gib dem Weisen Gelegenheit,
so wird er noch weiser. Sprichw. 9, 9.

Erster Jahrgang.
II. Heft. (Christfest.)

Coblenz,
bei J. Hölscher.
1828.

Inhalt.

Basilius der Große.

Über

das Leben

des

heil. Basilius des Grossen.

Basilius der Große stammte aus einer heiligen Familie, die sich in den Christen=Verfolgungen durch festen Glauben und durch Frömmigkeit vor und mit ihm so ausgezeichnet hat, daß seine Großeltern, seine Eltern und mehrere seiner Geschwister den Heiligen beigezählt wurden. Zwei seiner Brüder waren wie er, Bischöfe, der heil. Gregor zu Nyssa, und der heil. Petrus zu Sebaste. Er wurde zu Cäsarea der Hauptstadt Cappadociens gegen Ende des Jahres 329 geboren, und entfaltete seine schönen Talente bald zur größten Freude seiner Eltern. Seine viel verspre= chenden Anlagen bestimmten den Vater, den heil. Basilius den ältern, welchen Gregor von Nazianz wegen seiner Gottseligkeit und Beredsamkeit, „den allgemeinen Lehrer der Tugend" nennt, seinen Sohn Basilius,

1*

in den Vorkenntniffen der schönen Wiffenschaften selbst zu
unterrichten. Darauf wurde er zur weitern Ausbildung
in die Schulen zu Cäsarea geschickt. Seine schnellen Fortschritte, seine seltene Bescheidenheit und seine große Frömmigkeit machten ihm seine Lehrer, wie auch viele seiner
Mitschüler zu Freunden. Als er sich nun in dieser Schule
zu höhern Wiffenschaften befähigt hatte, begab er sich
nach Constantinopel, um dort den Unterricht des Liba-
nius, des geschicktesten Redners seiner Zeit, und eines der
ersten Männer des Reichs, zu genießen. Dieser wurde
bald auf sein großes Talent für die Beretsamkeit aufmerksam, und gewann ihn dann, als er seinen schönen
Ernst und seine hohe Tugendliebe kennen gelernt hatte,
so lieb, daß er auf immer Freundschaft mit ihm schloß.
Um nichts in seiner wiffenschaftlichen Bildung zu ver-
säumen, ging er im Jahre 352 im 23ten seines Alters
nach Athen, wohin damals die jungen Leute von allen
Orten her zusammenströmten, um sich in reiner Sprache
auszubilden und im Umgange Feinheit und Gewandheit
zu erwerben.

Basilius fand hier den heil. Gregor von Nazianz,
mit dem er schon als Kind in der Schule zu Cäsarea
befreundet war. Gleicher Hang und glühender Eifer
für Tugend und Wiffenschaft erneuerte nun in den Jüng-
lingen jenes innige Band der Liebe und Freundschaft,
was sie schon als Kinder gefeffelt hatte. Gleich große
Wachsamkeit über jede ihrer Neigungen hielt allen Neid
und jede Art von Ungeduld und Leidenschaft, die Feinde
der Freundschaft, von ihnen ab, und wechselseitig wach-
sende Hochachtung schuf bald ihnen eine Liebe und

Freundschaft, die durch nichts gekränkt werden konnte. Unablässiges Gebet bewahrte ihren kindlich reinen Sinn ungetrübt, gegen alles das Böse, was ihnen von Außen hätte gefährlich werden können. Gemeinsam war ihr Tisch, gemeinsam ihr Eigenthum, gemeinsam ihr Wille. Auf Tugend und Religion zielten alle ihre Arbeiten, ihre Studien, ihre Mühen. „Unsere Heiligung, sagt Gregor, „war unsere große Angelegenheit; unser ganzer „Zweck ging dahin, Christen genannt zu werden, und es „wirklich zu seyn."

In dieser Weise lebte Basilius drei Jahre hindurch zu Athen, gleichmäßig bedacht auf seine moralische wie auf seine wissenschaftliche Ausbildung. Gott ergeben blieb er ruhig in seinem Innern, und geschützt gegen jede Leidenschaft. Sein großer Geist durchdrang alle Gegenstände der Philosophie, und ließ nicht ab, bis er die Grenzen der menschlichen Vernunft in allen Verhältnissen kannte. Die Mathematik, Arzneikunde und Naturwissenschaften, pflegte er zu sagen, müsse man insoweit kennen, als sie nöthig seyen, um das Besondere im Zusammenhange aller Dinge betrachten zu können. Sehr genaue Sorgfalt wandte er aber auch auf seine Ausbildung in der Beredtsamkeit und Poesie. Unaufhörlich übte er sich nach den alten besten Mustern. Als seine wissenschaftliche Laufbahn vollendet war, legte er sich mit ganzem Ernst auf die Betrachtungen der heiligen Schrift, und gewann sich auch hierin bald eine solche Kenntniß, daß er in Athen als ein Orakel in göttlichen und menschlichen Wissenschaften bewundert wurde.

Basilius verließ nun im Jahre 355 seinen geliebten

Gregor zu Athen und eröffnete zu Cäsarea, in seiner
Vaterstadt, eine Schule der Beredsamkeit, führte daselbst auch auf Ersuchen seiner Freunde Rechtssachen,
um sich in der Kunst, welche er lehrte, noch mehr zu
üben. Als er aber merkte, daß in dieser Lebensart seine
Seele vom Stolze eitlen Lobes beschlichen wurde, be-
schloß er, das Gelübde freiwilliger Armuth zu thun und
Ordensmann zu werden. Daher vertheilte er den größten Theil seiner Güter unter die Armen, reiste im Jahre
357, um seine zukünftige Pflichten recht kennen zu lernen, nach Syrien, Mesopotamien, und Ägypten, und
besuchte alle Einöden jener Länder, die von Einsiedlern
bewohnt waren. Nach einem Jahre kehrte er wieder
nach Kappadocien zurück, und wurde von Dianius,
seinem Bischofe, zum Lektor geweiht. Als fester An-
hänger und Vertheidiger der reinen christlichen Lehre
mied Basilius 358 seinen Hirten Dianius, weil er ihn
mehrmals nachgiebig gegen die Arianer, und dann auch
gegen die Eusebianer gesehen hatte, und zog sich in den
Pontus in das Haus seiner Großmutter, der heil. Makrina
der älteren, zurück. Hier legte er an dem Flusse Iris jenem
weiblichen Kloster gegenüber, das seine Mutter die heilige Emmelia, und seine Schwester die heilige Makrina
die jüngere gestiftet hatten, ein Männer=Kloster an,
und machte sich die strengste Lebensart zur Pflicht. Auch
seinen geliebten Gregor bestimmte er, diese Lebensart
in höchster Seelenruhe mit ihm zu theilen.

Einige Jahre später kehrte Basilius mit einigen seiner Ordensjünger nach Kappadocien zurück, und hatte
hier die große Freude, daß ihn Dianius, der krank war,

zu sich rufen ließ, und ihm betheuerte, daß er das verborgene Gift der Sekten nicht gekannt habe, und nie einem andern Glauben ergeben gewesen sey, als dem der Väter von Nicäa. Darauf starb dieser, und der folgende Bischof Eusebius weihte den Basilius trotz aller seiner Weigerungen zum Priester. Basilius lebte aber fortwährend in gleicher Abgeschiedenheit wie zuvor, stiftete mehrere Klöster, verkündigte das Wort Gottes, besuchte die Kranken und tröstete die Bedrängten. Allein nicht lange wollte es so die alles leitende Fügung. Seine starkmüthige und geduldige Seele mußte die Verweisung ertragen, womit ihn Eusebius unter dem Unwillen aller Bischöfe und des ganzen Klerus, bestrafte. Froh den Zerstreuungen, die nothwendig mit seinem Amte verbunden waren, enthoben zu seyn, floh er zu Gregor in den Pontus, wo er wieder bis zum Jahre 366 ganz sich und Gott leben konnte. Als aber in diesem Jahre der Kaiser Valens ein Beschützer des Arianismus in der Absicht eine Reise nach Cäsarea machen wollte, um die Kirche dieser Stadt in die Hände der Ketzer zu bringen, nahm Eusebius seine Zuflucht zu dem heil. Basilius, ließ ihn bitten zurückzukommen, und die Gefahr, welche der Kirche drohe, abhalten zu helfen. Basilius kam sogleich, predigte und unterrichtete das Volk auf's eifrigste, versöhnte die getrennten Gemüther, und erstickte allen Saamen der Zwietracht, der von Oben her in die Gemüther gestreut worden war. So wie er in dieser geistlichen Noth rastlos mit seiner Gelehrsamkeit und Weisheit geholfen hatte, so half er auch durch Wort und That in einer Hungersnoth, womit damals das Land heimgesucht

wurde, indem er die Herzen der Reichen aufzuschließen
wußte, wann und wo es nöthig war. Er vertheilte die
reichlichen Gaben der Wohlhabenden selbst, und wußte
alle Anstalten zu treffen, die die Noth weniger empfin-
den ließen. Dadurch hatte er sich die Freundschaft und
das Vertrauen Aller erworben, so daß Eusebius nichts
Wichtiges mehr ohne seinen Rath unternahm. Nach dessen Tode wurde Basilius 370 zum Erzbischofe gewählt.

In dieser Würde, die er neun Jahre hindurch bis
zu seinem Tode begleitete, erschienen seine Tugenden in
hellerem Glanze als jemals. Er predigte alle Tage
Abends und Morgens, richtete neue Gebetsübungen ein,
belehrte und warnte gegen Irrlehrer unermüdlich, theilte
das heilige Abendmahl am Sonntage, Mittwoche, Frei-
tage und Samstage aus, war überall Vater und Beschützer der Armen und Bedrängten; er unterstützte die
Kranken nicht nur, sondern pflegte sie oft selbst voll
Liebe und gottseliger Freundlichkeit, und als er in diesem Wege noch nicht allen Bedrängten helfen konnte,
errichtete er ein Spital, von dem Gregor von Nazianz
sagt: „Es kann unter die Wunder der Welt gezählt
„werden, so groß ist die Anzahl der Armen und Kran-
„ken, die man darin aufnimmt, und so bewunderungs-
„würdig ist die Ordnung und Sorgfalt, den verschie-
„denen Bedürfnissen der Unglücklichen abzuhelfen." Mit
würdiger Theilnahme blickte er auf den Zustand jener,
welche durch Laster oder Spaltung von dem Wege des
Heils abgeirrt waren, und flehte in glühenden Gebeten
und beständigen Thränen um ihre Bekehrung zu dem Gotte
der Erbarmung. Weder Mühe noch Gefahr machte seine

Feſtigkeit womit er wider den Irrthum ſtand, wankend.
Dieſes iſt beſonders ſichtbar aus dem Siege, welchen
er über den Kaiſer Valens davontrug.

Dieſer hatte durch Strenge und Verſprechungen
ſchon mehrere rechtgläubige Biſchöfe in Schrecken geſetzt,
und hoffte dadurch auch den feſten Baſilius zur ariani-
ſchen Irrlehre zu bewegen. Zu dem Ende ließ er ihn
durch ſeinen Präfekten Modeſtus, ehe er ſelbſt nach Cä-
ſarea reiſte, zur Gemeinſchaft mit den Arianern auffor-
dern. Allein dieſer wandte alles erfolglos an. Baſilius erſchien vor ſeiner richterlichen Gewalt mit heiterm
und ruhigem Angeſichte, und als des Modeſtus freund-
liche Worte und Verſprechungen keinen Eindruck machten, und er endlich mit der Macht des Kaiſers, mit
Einziehung der Güter, mit Verbannung, Foltern und
Tod drohte, ſagte Baſilius: „Wer nichts beſitzt, braucht
„Einziehung der Güter nicht zu fürchten. Ich habe nichts,
„als einige Bücher, und die Lumpen, die ich trage; ich
„glaube nicht, daß du mir dieſe wirſt nehmen wollen.
„Zur Verbannung mag es dir nicht leicht ſeyn, mich zu
„verdammen; denn ich ſehe den Himmel und nicht das
„Land, welches ich bewohne, für mein Vaterland an;
„die Folter fürchte ich nicht ſehr; mein Körper iſt ſo
„ſchwach, daß er ſie nicht lange wird ertragen können;
„der erſte Streich wird meinem Leben und meinen Leiden
„ein Ende machen. Den Tod fürchte ich noch viel weniger,
„da er mich eher mit meinem Schöpfer vereinigen wird,
„für den ich allein lebe.“ Als Modeſtus darauf zu ihm
ſagte: „mit ſolcher Kühnheit hat noch Niemand zu Modeſtus geſprochen.“ erwiederte Baſilius: „dies iſt viel-

leicht das erste Mal, daß Du auf einen Bischof gestoßen
bist.''... Wenn es sich um Religion handelt, haben wir
Bischöfe nichts, als Gott im Auge und verachten alles
Übrige. Feuer, Schwert, wilde Thiere, eiserne Krallen
sind dann unsere Wonne.'' Auf solche Art versuchte man
es dreimal mit Basilius und endlich sagte Modestus zum
Kaiser, der selbst nach Cäsarea gekommen war: ,,Wir
sind besiegt, dieser Mann steht über Drohungen erhaben.''

Des großen Mannes Verbannungsbrief ward nun
geschrieben und dem Kaiser zur Unterschrift vorgelegt,
dieser soll aber durch ein dreimaliges Zerbrechen des
Schreibrohrs von seinem Vorhaben abgestanden seyn,
das Papier zerrissen, und den Erzbischof in Friede bei
seiner Kirche gelassen haben. So lebte der Heilige noch
bis zum Jahre 379, wo er mit den Worten starb:
,,Herr, in Deine Hände gebe ich meine Seele
,,zurück.''

Von den Schriften dieses großen Mannes spricht
unter andern Gregor von Nazianz am treffendsten:
,,Wenn ich seine Reden über die Schöpfung lese, so
,,scheint es mir, als sähe ich meinen Schöpfer aller Dinge
,,aus dem Nichts hervorziehen; wenn ich seine Werke
,,gegen die Irrlehrer lese, so glaube ich das Feuer von
,,Sodoma über die Glaubensfeinde herabfallen, und ihre
,,lasterhaften Zungen in Asche sich verwandeln zu sehen;
,,wenn ich sein Buch von dem heiligen Geiste durchgehe,
,,fühle ich in mir die Wirkung Gottes, und fürchte mich
,,nicht, ferner laut die Wahrheit zu verkündigen. Lese
,,ich seine Erklärung der heiligen Schrift, so dringe ich
,,bis in den tiefsten Abgrund der Geheimnisse. Seine

„Lobreden auf die Blutzeugen Jesu lehren mich meinen
„Leib verachten, und flößen mir eine edle Kampfbe-
„gierde ein. Seine Sittenreden gewähren mir Hülfe
„meinen Leib, und meine Seele zu reinigen, damit ich
„ein würdiger Tempel Gottes, ein geeignetes Werkzeug
„werde, ihn zu loben, zu preisen, seine Herrlichkeit und
„Macht zu verkünden."

Die beste Ausgabe der Schriften des heil. Basilius
ist von Jul. Garnier einem Benediktiner Mönchen 1721,
1722 und 1730 zu Paris in 3 Folio-Bänden besorgt
worden.

Tom. I.

1) In hexaemeron homiliae 9.
2) In psalmos hom. 13.   •
3) Libri (5) quibus impii Eunonmii apologeticus ever-
titur.
4) Opera quaedam ei falso adscripta ac notae doc-
toum quorumdam virorum.

Tom. II.

1) Homiliae de diversis 24. (wahre Meisterstücke.)
2) Ascetica.
3) Opera Basilio falso adscripta:

    a) Homiliae 9.

    b) Trectatus nonnulli.

    c) Homiliae s. Basilii 8, quas transulit Rufinus
       de Graco in latiunm.

4) Notae Front. Ducaei et Frid. Morelli.

; Tom. III.

1) De spiritu s. ad s. Amphilochium Iconii episcopum,

2) Epistolae 345. Bleibende Muſter für den Brief-
  : Styl.

3) Sermones 24 de moribus per Simeonem magist-
  trum et Logothetam selecti ex omnibus operibus
  patris notsri.

5) Liber de virginitate.

Rede

des Bischof Basilius

auf

die heilige Geburt Christi.

Christi Geburt, welche einzig und allein seiner Gottheit eigen ist, werde in Stille gefeiert; ia wir wollen
auch unsern Gedanken gebieten, daß sie darüber nicht
nachforschen und spitzfindig nachgrübeln. Denn wo nicht
Zeit, nicht Welt im Spiele ist, nicht Art und Weise
wahrgenommen, von keinem je geschaut, von keinem aus-
gesprochen worden ist, wie möchte dahin der menschliche
Geist reichen, wie auch eine Zunge hierin den Gedanken dienen? Der Vater war, und der Sohn ist geboren. Sprich nicht wann, sondern entziehe dich dieser
Frage; untersuche nicht wie, denn unmöglich ist die Antwort. Denn das Wann ist zeitlich; das Wie aber
führt gefährlich zu körperlicher Art und Weise. Jedoch
kann ich aus der heiligen Schrift anführen, „daß er

ist, wie der Abglanz von der Herrlichkeit, und
wie das Bild von dem Urbilde."[1] Da aber gleichwohl dem allzu sorgfältiges Nachforschen in dieser Antwort kein Genüge findet, so fliehe ich zu dem Unaus-
sprechlichen der Herrlichkeit, und bekenne, daß die Art
und Weise der göttlichen Geburt mit menschlicher Vernunft nicht erkannt und mit menschlichen Worten nicht
ausgedrückt werden könne.

Sage nicht, ist er geboren, so war er nicht. Ver-
derbe nicht durch böse Worte die Gemüther der Uner-
fahrnen, indem du durch dergleichen Reden die Wahrheit zerstörest, und den Glauben an Gott befleckest. Er
ist geboren, auf daß ich seinen Grund und Ursprung
nachweisen, nicht aber damit ich darthun solle, daß der
Eingeborne jünger sey, als die Zeit. Hüte dich vielmehr, daß dein Geist nicht ins Leere hineinschreitet, indem er in ältere als des Sohnes Zeiten, die weder sind,
noch seyn werden, hinaufgehen will. Denn wie können
die geschaffenen Dinge älter seyn, als der, welcher sie
geschaffen hat. Aber wie? Aus Übereilung werde ich im
Laufe meiner Rede unwillführlich zu dem hingeführt, was
ich umgehen wollte. Lassen wir also ab von der Rede
über jene ewige unaussprechliche Geburt, und halten in
unserm Gemüthe fest, daß unser Geist für die Auffas-
sung der Dinge zu schwach, und unsere Sprache ebenso
für das Gedachte zu mangelhaft sey. Wir müssen uns
vielmehr zu Herzen führen, wie groß der Abstand ist
zwischen der Wahrheit und der Rede, da unsere Gedan-

---

1. Heb. 1, 3. vergl. Koloss. 1, 15.

ken nicht bis zum Wesen des Unbegreiflichen reichen, und unsere Sprache die Natur alles Gedachten unmöglich auffinden und in Worte bringen kann.

Gott auf Erden, Gott unter den Menschen Gesetze gebend, nicht durch Feuer und die Posaune, nicht auf rauchendem Berge, nicht in Finsterniß und im Sturme, welche den Seelen der Zuhörer Schrecken brachten, sondern durch seinen eigenen Leib sanft und freundlich sich unterhaltend mit den Menschen, die seines Geschlechtes sind! Gott im Fleische, nicht mittelbar wirkend, wie durch die Propheten, sondern im Besitze und theilhaftig der Menschheit, die mit ihm innig verbunden ist, zieht er durch sein Fleisch, durch welches er mit uns verwandt ist, die Menschheit zu sich hinauf. Wie kann aber, sprichst du, durch Einen das Licht zu Allen kommen? Auf welche Weise im Fleische die Gottheit seyn? Ich antworte: wie die Glut in dem Eisen, nicht durch Übergang, sondern durch Mittheilung. Denn die Glut entweicht nicht in das Eisen, sondern an einem Orte bleibend, gibt sie ihm von ihrer eigenen Kraft, und wird durch diese Mittheilung, auch wenn sie dasselbe ganz erfüllt, nicht vermindert. Ebenso verhält sich auch Gott, das Wort. Nicht aus sich selbst gewichen, noch einer Veränderung [unterworfen, hat er dennoch unter uns gewohnet.

„Und das Wort ist Fleisch geworden."[1] Nicht leer ward der Himmel von seinem Bewohner, und doch hat die Erde den Himmlischen mitten in ihren

---

1 Joh. 1, 14.

Schooß aufgenommen. Bilde dir nicht ein Absteigen der Gottheit ein; denn sie geht nicht von einem Orte zum andern, wie die Leiber, noch halte dafür, daß die Gottheit in Fleisch verwandelt sey; denn unwandelbar ist das Unsterbliche. Wie konnte denn, sagst du, Gott das Wort von menschlicher Schwachheit nicht erfüllt seyn? Ich antworte, so wie die Glut nicht die Eigenschaft des Eisens in sich aufnimmt. Schwarz und kalt ist das Eisen, und gleichwohl erscheint es, wenn es glühend wird, als Feuer, macht nicht, wenn es hell geworden ist, das Feuer schwarz, und in Glut gesetzt löscht es nicht durch seine Kälte die Flammen aus. So ist auch das Fleisch des Herrn der Gottheit theilhaftig, ohne der Gottheit von seiner eigenthümlichen Schwachheit etwas mitzutheilen. Oder gibst du nicht zu, daß die Gottheit auf gleiche Weise wirke, wie dieses natürliche Feuer? Vielmehr denkst du dir Leiden nach deiner menschlichen Schwachheit in dem Leidensunfähigen, und weißt dir nicht zu erklären, wie die leicht zerstörbare Natur durch die Vereinigung mit Gott Unversehrtheit erhalten habe.

So lerne denn das Geheimniß. Gott ist deswegen in dem Fleische, damit er den darin verborgenen Tod austilge. Denn wie die Heilmittel der Arzneien, wenn sie den Körper durchdrungen haben, das Gift überwältigen, und wie herrschende Finsterniß in einem Hause durch ein Licht verscheucht wird, so ist auch der Tod, der über die menschliche Natur herrschend war, durch den Eintritt Gottes zerstört worden. Und wie auf dem Wasser das Eis, so lange Nacht und Dunkelheit herrscht, alles Feuchte überall her an sich reißt, durch den Strahl der erwärmenden Sonne aber ganz zerschmilzt, so herrschte auch der Tod bis zum Eintritte Christi. Nachdem aber dann die heiligmachende Gnade erschienen, und die Sonne der Gerechtigkeit aufgegangen war, da wurde der Tod in den Sieg verschlungen, indem er die Heimkehr des wahren Lebens nicht ertragen könnte.

O Tiefe der Güte und Liebe Gottes! Von der Dienstbarkeit sind wir erlöset, und nun untersuchen die Menschen den Grund, warum Gott unter den Menschen wohne, da sie doch die Güte anbeten sollten. Was ist mit dir, o Mensch! anzufangen? Als Gott in der Höhe war, hast du ihn nicht gesucht; nachdem er zu dir herabgestiegen ist, und durch das Fleisch mit dir zusammenlebte, hast du ihn nicht aufgenommen.

Aber wie du mit Gott vertraut werden könnest, fragst du? So wisse denn, daß deswegen Gott in dem Fleische erschienen ist, auf daß das vermaledeite Fleisch wieder geheiliget, das geschwächte gestärket, das von Gott abtrünnige wieder mit ihm vereiniget, und das verstoßene aus dem Paradiese wieder in den Himmel eingeführt werde.

Und welches ist nun der schöne Schooß einer solchen Anordnung? Der Jungfrau Leib. Welches der Anfang und Ursprung dieser Geburt? Der heilige Geist und die Kraft des Höchsten, damit sie überschattet wurde. Besser aber hörest du die Worte darüber aus dem Evangelio: „Denn, sagt es, als seine Mutter Maria mit Joseph vermählet war, fand es sich, ehe sie noch zusammengekommen, daß sie vom

8

heiligen Geiste empfangen hatte." [1] Und eine Jungfrau war es und vermählet mit dem Manne. Und tauglich zur Ausführung dieser Anordnung ward sie gewählt, damit sowohl die Jungfrauschaft geehrt, als auch die Ehe nicht gering geschätzt werde. Denn als geschickt zur Heiligung war die Jungfrauschaft erwählt, und der Eingang in den Ehestand durch die Vermählung mit geheiliget worden. Zugleich hatte aber auch Maria den Joseph ihren Bräutigam zum Beschirmer, damit er sicherer Zeuge sey von ihrer Reinheit, und sie nicht hingegeben wäre der Verläumdung, als hätte sie die Jungfrauschaft verletzt. Ich habe aber auch noch einen andern und nicht geringern Grund für das Gesagte anzuführen. Er ist dieser, daß damals die rechte Zeit, welche lange vorher bestimmt und vom Anbeginne der Welt für die Menschwerdung des Herrn angeordnet war, bevorstand, in welcher der heilige Geist und die Macht des Höchsten jenes Fleisch, das Gott trug, zusammenfügen sollte. Da nun in damaliger Zeit keine der Maria gleich würdige unter den Menschen gefunden werden konnte, um die Kraft des heiligen Geistes aufzunehmen, sie auch schon durch die Vermählung vorher einem Manne gegeben ward, so wurde Maria die Jungfrau erwählt, weil ihre Jungfräulichkeit durch die Vermählung nicht gekränkt worden ist.

Es wird von einem der Alten auch noch eine andere Ursache angegeben, und gesagt, die Vermählung des Joseph sey darum geschehen, damit Alles dem Fürsten

1 Matth. 1, 18. Über diesen und die folgenden Verse dieses Kapitels handelt die Rede.

der Welt verborgen bleiben sollte. Denn es wurde unter dem Scheine der Vermählung der Jungfrau die Aufmerksamkeit des Bösen abgewendet, der seit jener Zeit auf die Jungfrauen aufmerksam war, seitdem er den Propheten hatte sagen hören: „Sieh eine Jungfrau wird empfangen, und einen Sohn gebähren."[1] So ist der aufsätzige Feind der Jungfrauschaft durch die Vermählung betrogen worden. Denn er wußte daß sein eigenes Reich durch die Erscheinung des Herrn in dem Fleische aufgelöst werden würde.[2]

Bevor beide aber zusammen kamen, fand es sich, daß sie empfangen hatte vom heiligen Geiste. Beides fand Joseph, sowohl die Schwangerschaft, als auch daß die Ursache aus dem heiligen Geiste war. Deswegen wollte er auch aus Furcht, einer solchen Frau Mann genannt zu werden, sich heimlich von ihr trennen, indem er nicht wagte, ihren Zustand öffentlich bekannt zu machen. Weil er aber gerecht war, wurde ihm dieses Geheimniß eröffnet. Denn als er mit solchen Gedanken umging, erschien ihm im Traume der Engel des Herrn und sagte: „Fürchte dich nicht, Maria dein Weib zu dir zu nehmen;" versuche auch nicht, wie du mit falschem Scheine die Sünde bedecken willst; denn ein Gerechter bist du genannt wor-

1 Jesaias 7, 14.
2 Es ist dies eine Meinung des heil. Ignatius, von welchem Hieronym zum 1. Kapitel des Matth. sagt: Ignatius der Martyr fügte auch noch eine vierte Ursache hinzu, warum Christus von einer Vermählten empfangen wurde, damit nämlich seine Geburt dem Bösen verborgen bliebe, indem er in dem Glauben war, daß er von einer Jungfrau und nicht von einer verheuratheten Frau geboren werde.

8 *

den, und es ist nicht Sache eines gerechten Mannes,
mit Stillschweigen Ungerechtigkeit zuzudecken. „Fürchte
dich nicht, Maria dein Weib zu dir zu nehmen."
Er zeigte, daß er ihr nicht zürne, noch vor ihr Abscheu
habe, sondern sich vor ihr, als einer, die vom heiligen
Geiste empfangen hatte, fürchte. „Denn was in
ihr geboren ward, ist vom heiligen Geiste,"
und daher ist es offenbar, daß nicht nach gewöhnlichem
Laufe der Natur das Fleisch des Herrn zusammengefügt
worden ist. Denn sogleich ward an Fleisch die Schwangerschaft vollendet, nicht allmählich erst gestaltet durch
weitere Bildung, wie es die Worte offenbar zeigen.
Denn es wird nicht das Gezeugte, sondern das Ge-
borne genannt. Also ward das Fleisch aus Heiligkeit
zusammengefügt, würdig mit der Gottheit des Eingebor-
nen vereinigt zu werden.

Und sie wird gebähren einen Sohn, und
seinen Namen wirst du Jesus nennen. Wir haben uns belehrt, daß die Namen bei jenen, denen sie ab-
sichtlich zugelegt werden, die darunter verborgene Natur ausdrücken, wie beim Abraham, Isaak und Jakob.
Denn der Name eines Jeden von diesen drückt nicht so
sehr die Gestalt des Leibes, als vielmehr das Eigen-
thümliche der schönen Tugenden jener Männer aus. Deswegen wird auch er Jesus, d. i. Heil des Volkes genannt. So ist denn das Geheimniß, welches vor Jahr-
hunderten angeordnet, und von den Propheten lange
vorher verkündet worden, ans Tageslicht getreten.

„Sieh, eine Jungfrau wird empfangen,
und gebähren einen Sohn, und sie werden

seinen Namen Emmanuel nennen, d. h. Gott mit uns." Diese alte Benennung enthält die Offenbarung des ganzen Geheimnisses, daß Gott unter den Menschen sey, da das Wort Emmanuel erklärt heißt: Gott mit uns. Und hier soll sich auch Niemand durch die Verläumdungen der Juden verleiten lassen, welche sagen, es werde nicht eine Jungfrau, sondern ein Mädchen vom Propheten bezeichnet. „Sieh, sagt der Prophet, ein Mädchen wird empfangen." Nun ist es doch am unvernünftigsten zu glauben, daß dasjenige, was von dem Herrn als Wunder ausgegeben worden ist, der ganzen Natur gemeinsam und übereinstimmend sey. Denn was sagt der Prophet? „Und es begab sich, daß der Herr zum Achaz redete und sprach: Fordere dir ein Zeichen, es sey unten in der Tiefe, oder droben in der Höhe. Und Achaz sagte: Ich will nichts fordern und den Herrn nicht versuchen. Und bald hernach sagte er: deswegen wird der Herr selbst ein Zeichen geben. Sieh eine Jungfrau wird empfangen.[1] Denn da Achaz das Zeichen weder in der Tiefe noch in der Höhe forderte, damit du nämlich lernen sollest, daß der, welcher in den untersten Theil der Erde hinabgestiegen ist, eben derselbe sey, welcher über alle Himmel erhaben ist, so hat ihm der Herr selbst ein Zeichen gegeben, aber ein Zeichen über alle Erwartung wunderbar und ganz gegen den gewöhnlichen Lauf der Natur. Dasselbe Weib zugleich Jungfrau und Mutter,

---

1 Jesaias 7, 10 u. 14.

in der Heiligkeit. der Jungfrauschaft verbleibend, und auch theilhaftig des Segens, ein Kind zu gebähren!

Wenn aber auch einige Erklärer das hebräische Wort Jungfrau durch Mädchen übersetzt haben, so wird doch dem rechten Sinne nicht geschadet. Denn es findet sich oft, daß nach Gewohnheit der Schrift für Jungfrau Mädchen gesetzt ist. So wird in dem fünften Buche Moses gesagt: „Wenn jemand ein Mädchen, eine Jungfrau, die noch nicht vermählt ist, gewaltsam kränket, so soll dieser Mensch, der sie gekränkt hat, ihrem Vater siebzig Doppeldrachmen geben."[1]

„Und als Joseph vom Schlafe erwachte, nahm er sein Weib zu sich." In Liebe und Freundlichkeit behandelte er sein Weib mit aller ehelichen Sorgfalt und enthielt sich der natürlichen Gemeinschaft. „Denn er erkannte sie nicht, sagt der Evangelist, bis sie ihren erstgebornen Sohn gebar." Aber auch dieses veranlaßt schon wieder eine Vermuthung, als ob Maria, nachdem sie der Geburt des Herrn, die durch den heiligen Geist bewirkt worden ist, rein gedient hatte, die ehelichen Pflichten nicht verweigert habe. Wir müssen zwar, wenn dieses auch in Ansehung ihrer Heiligkeit nichts schadet, (denn nur bis zur Vollbringung dieses Werkes war nach jener Anordnung die Jungfrauschaft nöthig) unbekümmert um die Art dieses Geheimnisses seyn. Gleichwohl hatten wir für die fortwährende Jungfrauschaft dieses, als hinlänglichen Beweis,

---

[1] 5 B. Mos. 22. 28, 29.

daß die Freunde Christi jenen Ruf nicht gebilligt haben, nach welchem die Gottes-Gebärerin einst aufgehört habe, Jungfrau zu seyn.

[1] Daß aber der Evangelist sagt, er habe sie nicht erkannt, bis sie ihren Sohn geboren, darauf antworten wir, daß das Wort bis zwar oft ein gewisses Ziel in der Zeit anzudeuten scheint, daß es aber in der That etwas Unbestimmtes bezeichne. Wie z. B., da der Herr spricht: „Und siehe, ich bin bei euch bis zum Ende der Welt.“ Denn gewiß wollte der Herr auch nach dieser Zeit mit den Heiligen seyn, und in der Verheißung des Gegenwärtigen liegt nicht ein Versagen des zukünftigen Beistandes. Auf eben diese Art, behaupten wir, sey auch hier das Wort bis genommen. Ganz auf ähnliche Weise wird Christus auch hier Erstgeborner genannt. Keineswegs als Erstgeborner im Vergleiche mit den Nachgebornen; sondern der wird Erstgeborner genannt, welchen die Mutter überhaupt zuerst zur Welt bringt. Es erhellet aber auch aus der Geschichte des Zacharias, daß Maria ihr ganzes Leben Jungfrau geblieben sey. Es gibt nämlich eine Erzählung, die durch Überlieferung auf uns gekommen ist, daß Zacharias deswegen, weil er die Maria nach der Schwangerschaft mit dem Herrn an den Ort der Jungfrauen gestellt habe, zwischen dem Tempel und dem Altare von den Juden getödtet worden sey, nachdem er von dem Volke angeklagt worden wär, daß er durch diese Handlung jenes unglaubliche und vielgepriesene

---

1 Matth. 28, 20.

Wunder, daß eine Jungfrau geboren, und ihre Jungfrauschaft dennoch nicht verletzt habe, bestätiget, hätte.

Als aber Jesus, sagt der Evangelist weiter, geboren war zu Bethlehem, im Lande Juda, zur
Zeit des Königs Herodes, sieh, da kamen
Weise von Morgenland gen Jerusalem, und
sprachen: Wo ist der neugeborne König der
Juden?". Die Weisen waren Perser, welche nicht allein den verborgenen, natürlichen Künsten und dem Wahr-
sagen ergeben waren, sondern auch fleißig die Gestirne
des Himmels beobachteten. Ein solcher Wahrsager scheint
auch Balaam gewesen zu seyn, der von Balak gerufen
wurde, um den Fluch über Israel zu sprechen. Dieser sagt in seiner vierten Parabel von dem Herrn: "Es
spricht der Mann, dem die Augen geöffnet
sind; es spricht der Hörer göttlicher Rede,
und der die Erkenntniß hat des Höchsten, der
die Offenbarung des Allmächtigen sieht, und
dem die Augen im Schlafe geöffnet werden.
Es wird ein Stern aus Jakob aufgehen, und
ein Mensch wird erstehen aus Israel."²

Daher suchten die Weisen nach der Erzählung der

___

1 Dieselbe Überlieferung erzählt auch Gregor von Nyssa in seiner Homilie über die Geburt des Herrn, und eben so Ori-
genes in der 29ten Abhandl. über das Evangelium Matth.
Der heilige Hieronymus widerspricht dieser Angabe über den
Tod des Zacharias, und mit ihm Euthymius und Theophylaktus
in ihren Erklärungen des Matth. Petrus von Alexandrien
sagt in seinem kanonischen Briefe: Herodes habe den Zacharias tödten lassen mit den unschuldigen Kindern, zwischen
Altar und Tempel, weil sein Sohn mit der Mutter Elisabeth entflohen gewesen sey.

2 4. B. Mos. 24. 15, 16, 1f.

alten Geschichte den Ort in Judäa, und kamen, um zu fragen, wo der neugeborne König der Juden sei. Vielleicht gaben sie aber auch dem Gebornen über seine große Gewalt Zeugniß, indem die feindliche Macht durch die Erscheinung des Herrn schon kraftloser geworden war, und auch sie fühlten, daß ihre Gewalt abnehme. Als sie daher das Kind fanden, beteten sie es an und gaben ihm Geschenke.

So wurden die Weisen ein abgesondertes und vom Testamente und dem Bunde Gottes entfremdetes Volk zuerst gewürdigt, anzubeten, indem das Zeugniß von Feinden glaubwürdiger ist, als das von Freunden. Denn, wenn die Juden zuerst angebetet hätten, so würden sie geglaubt haben, sich ihrer gleichen Abstammung hoch rühmen zu dürfen. Nun aber haben ganz Fremde ihn zuerst als ihren Gott angebetet, damit die Freunde gerichtet würden, weil eben sie jenen kreuzigten, den fremde Stämme anbeteten.

Indem diese nun fleißig auf die Bewegung der Gestirne Acht gaben, sahen sie in ihrem Beschauen des Himmels nicht fruchtlos, sondern erkannten das Wunder, einen neuen und ungewöhnlichen Stern, der auf die Geburt des Herrn aufgegangen war. Und Niemand suche einen Grund in der Sterndeute-Kunst für den Aufgang dieses Sternes. Denn diejenigen, welche aus den schon bestehenden Sternen die Geburten bestimmen, behaupten, diese oder jene Figur der Sterne sey Ursache von den Lebensereignissen eines jeden Menschen. Damals aber hatte keiner von den bestehenden Sternen die königliche Geburt angezeigt, und überdies war dieser

keiner von den gewöhnlichen Sternen. Denn die im
Anfange erschaffenen Sterne sind entweder auf immer
unbeweglich, oder haben eine stete Bewegung. Dieser
aber scheint beide, Bewegung und Stillstand zu haben.
Der aber beides in sich hat, sowohl die Bewegung als
das Stillstehen, gehört offenbar nicht zu den andern.
Denn er bewegte sich von Morgen bis nach Bethlehem,
und stand über dem Orte still, wo das Kind lag.
Deswegen setzten auch die Weisen, da sie von Morgen aufgebrochen, dem Sterne als Wegweiser bis vor
Jerusalem gefolgt waren, die ganze Stadt durch ihre
Ankunft in Schrecken, und jagten dem Könige der Juden Furcht ein. Als sie den nun fanden, welchen sie
suchten, ehrten sie ihn mit Geschenken, mit Gold, Weihrauch und Myrrhen, indem sie vielleicht auch hierin
dem Propheten Balaam folgten, der von Christo also
sprach: „Niedergelegt ruht er, wie ein Löwe
und wie ein junger Löwe; wer wird sich wider ihn auflehnen? Gesegnet sey, der dich
segnet, und verflucht, der dir flucht."[1] Da
nun in der Rede durch den Löwen das Königthum bezeichnet wird, durch die Ruhe das Leiden, und durch
die Kraft zu segnen, die Gottheit, so folgten die Weisen der Prophezeihung, und brachten ihm als Könige,
Gold, als einem Sterblichen, Myrrhen, als einem Gotte,
Weihrauch.

Auch genügt es gar nicht, wenn einige mit über-
triebener Sorgfalt diese Stelle dahin auslegen, daß

---

[1] 1 B. M. 24, 9.

dieser Stern den Kometen gleich gewesen sey, welche sehr oft am Himmel zu stehen schienen, um den Wechsel der Könige anzuzeigen. Denn diese letztern sind durchaus unbeweglich, und stehen an einem bestimmten Orte durch Hitze entzündet. Die Kometen aber, sowohl die, welche von Balken, als auch die, welche von Gruben[1] benannt sind, bilden verschiedene Figuren, und haben, nach ihren verschiedenen Formen, eigene Namen; obwohl ihr Ursprung einer und derselbe ist. Wenn nämlich die um die Erde flutende Luft höher in den Aether überströmet, und einen Stoff wie von Feuer bildet, so pflegt das Dicke und Unreine des Erhobenen von dorther die sichtbare Gestalt eines Sternes darzustellen. Dieser Stern aber, welcher vom Aufgange her erschienen ist, und die Weisen bewegte, den Neugebornen aufzusuchen, ist unsichtbar geworden und erschien endlich später erst, als sie in großer Verlegenheit waren, wieder über Judäa, so daß sie merkten, wem er gehöre, wem er diene, und weswegen er entstanden sey.

„Und der Stern kam dahin, und blieb über dem Orte stehen, wo das Kindlein war. Da sie den Stern sahen, wurden sie mit übergroßer Freude erfüllt." So lasset denn nun auch uns diese große Freude in unsere Herzen aufnehmen. Denn diese Freude verkündigten die Engel den Hirten

---

[1] So wie die Sterne mit einem Schweif von den Alten Kometsterne, d. h. behaarte Sterne genannt wurden, so nannten sie auch andere nach ihrer äußern Form Balken-Sterne, und Gruben-Sterne. S. Aristot. lib. de mundo c. 2. am Ende. ejusd. lib. 2. Meteorol. c. 7.

Laſſet uns mit den Weiſen anbeten, mit den Hirten lobpreiſen, mit den Engeln frohlocken, weil uns der Heiland d. i. Jeſus Chriſtus Gott der Herr geboren iſt. Er erſchien uns nicht in der Geſtalt Gottes, damit er nicht das Swache verſcheuche, ſondern in Knechtesgeſtalt, damit er von der Knechtſchaft befreie. Wer iſt ſo ſchwach in ſeiner Seele, wer ſo undankbar, daß er ſich nicht freue und frohlocke und in der gegenwärtigen Zeit nicht lobpreißen ſolle? Der ganzen Schöpfung iſt dieſes Feſt gemeinſam.

An demſelben ſchicken die Himmliſchen zum Zacharias und zur Maria Engel, ja Chöre von Engeln ordnen ſie an, die da ſingen: „Ehre ſey Gott in der Höhe und Friede auf Erden und ein guter Wille den Menſchen.“ Sterne eilen vom Himmel; die Weiſen brechen auf aus den Hiden; in den tiefſten Klüften empfängt die Erde das Licht. Niemand iſt ohne Thätigkeit, Niemand ohne Dank. Laſſet auch uns den Ton des Jubels anſtimmen, und dieſem unſerm Feſte den Namen Gottes-Erſcheinung geben. Feiern wollen wir die Rettung der Welt, den Geburtstag der Menſchwerdung. Heute iſt aufgelößt der Fluch Adams. Du biſt nicht mehr Erde, und wirſt nicht mehr in Erde verwandelt, ſondern mit dem Himmliſchen verbunden, wirſt du in den Himmel aufgenommen werden. Nicht mehr in Schmerzen wirſt du deine Kinder gebären. Denn ſelig iſt, die den Emanuel geboren, und ſelig die Brüſte, die ihn genährt. Deswegen iſt der Sohn uns geboren und uns gegeben worden; auf ſeinen Schultern erwuchs ſein Reich.

Es glühet mir das Herz und es quellet der Geist; aber die Zunge ist zu kurz, und zu schwach die Rede, als daß ich diese überschwengliche Freude verkünden könnte. Habe in deinem Innern Gott geziemende Gedanken von der Menschwerdung. Unversehrt und unbefleckt blieb die Gottheit, und ob sie gleich in einer materiellen Natur geboren worden, so wurde sie doch nicht von Unlauterkeit erfüllt, sondern stand über allem Makel erhaben. Siehst du nicht, wie die Sonne auch in die Finsterniß eindringt, und den Koth bescheinet und dennoch keinen übeln Geruch davon trägt, vielmehr die Fäulnisse da austrocknet, wohin sie nur anhaltend kommt? Was fürchtest du also für die lautere und unbefleckte Natur, sie möge irgend einen Makel von uns annehmen?

Deswegen ist er geboren, daß du durch seine gleiche Geburt gereinigt werdest, deswegen wuchs Jesus, damit du durch seinen Umgang sein Vertrauter werdest. O Tiefe der Güte und der Menschenliebe Gottes! Durch die allzugroßen Gaben verleitet, sind wir unglaubig gegen den Wohlthäter; durch die allzugroße Menschenliebe des Herrn entziehen wir uns der Dienstbarkeit. O der schimpflichen und bösen Undankbarkeit! Die Weisen beten an, und die Christen untersuchen erst, wie Gott in dem Fleische, und in welchem Fleische, und ob er als vollkommener Mensch, oder als unvollkommener empfangen worden sey. Verschwiegen werde in der Kirche Gottes das Unnöthige, gepriesen werde, was der Glaube umfaßt, und nicht nachgegrübelt über das Verschwiegene.

Zu jenen geselle dich, die mit Freuden den Herrn
aus dem Himmel aufgenommen haben. Bedenke, daß
die Hirten weise wurden, daß die Priester Propheten,
daß die Weiber erfreut, daß Maria von dem Gabriel
zur Freude aufgefodert wurde, daß Elisabeth den Johannes trug, der in ihrer Leibe freudig aufhüpfte. Anna
erkannte die frohe Vorbedeutung und prieß ihn; Simeon
nahm das Kind auf seine Arme; beide beteten in dem
kleinen Neugebornen den großen Gott an. Sie verach-
teten nicht, den sie sahen, sondern prießen die Majestät der Gottheit. Denn so wie das Licht durch eine
gläserne Scheibe, so schien die göttliche Kraft durch den
menschlichen Leib, und leuchtete denen, die mit reinen
Augen des Herzens begabt waren. Möchten auch wir
unter diesen gefunden werden, indem wir mit enthüll-
tem Antlitze die Herrlichkeit des Herrn beschauen, und
von Klarheit zur Klarheit verwandelt werden, damit
ihm Ehre sey und Macht von Ewigkeit zu Ewigkeit!
Amen.

Bernhard von Clairvaux.

Erste Rede

des heil. Bernhard von Clairvaux

auf

die Geburt des Herrn.

Evang. Luk. 2, 1 — 14.

———

Von den Quellen des Erlösers.

Groß zwar, meine Geliebtesten, ist das Fest des heutigen Tages, an welchem der Herr auf Erden geboren ward, dennoch aber zwingt uns der kurze Tag die Rede abzukürzen. Laßt es euch indeß nicht wundern, wenn wir heute eine kurze Rede halten, da heute auch Gott der Vater das Wort abgekürzt hat. Wollet ihr wissen, wie lang und wie kurz er es gemacht hat? „Ich, spricht dies Wort, erfülle Himmel und Erde.“[1] Und sieh, Fleisch ward es nun, und eine enge Krippe umfaßt dasselbe! „Von Ewigkeit zu

———

[1] Jerem. 23, 24.

9

Ewigkeit bist du Gott, ruft der Prophet aus."[1] Und sieh, er ward zum Kinde eines Tages! Warum dies, meine Brüder! Welche Noth zwang den Herrn der ewigen Majestät, daß er sich also entäußerte, also sich demüthigte, also sich abkürzte. Was anders bewog ihn zu so tiefer Demuth, als daß auch ihr desgleichen thun möchtet. Schon durch sein Beispiel ruft er setzt, wie er einst mit lauter Stimme rufen wird: „Lernet von mir, denn ich bin sanftmüthig und demüthig von Herzen!"[2] Damit wahrhaftig befunden werde, der da sprach: „Jesus fing an zu thun und zu lehren."[3] Ich beschwöre euch demnach und bitte euch innigst, meine Brüder, lasset nimmermehr zu, daß ein so theueres Vorbild fruchtlos für euch aufgestellt sey, sondern bildet euch nach ihm und erneuert euch im Geiste. Gebet der Demuth euch hin; sie ist die Grundfeste und Hüterin aller Tugenden; folget dieser himmlischen Führerin, die allein euere Seelen erretten kann. Denn was ist unwürdiger, was schändlicher und sträflicher, als daß der Mensch, welcher den Gott des Himmels erniedrigt sieht, noch ferner stolz auf Erden sich erhebe? Fürwahr unerträgliche Unverschämtheit ist es, daß, wo die Majestät sich vernichtet, ein dürftiger Wurm es noch wagt, in Hochmuth sich zu blähen.

Das ist es also, weßwegen er sich entäußerte, und die Gestalt eines Knechtes annahm, der in der Gestalt Gottes dem Vater gleich war; aber er entäußerte sich

---

1 Ps. 89, 2.
2 Matth. 11, 29.
3 Apostelg. 1, 1.

zur seiner Majestät und Allmacht, nicht aber seiner Güte und Erbarmung. Denn was sagt der Apostel? „Es erschien, ruft er aus, die Milde und Menschheit Gottes, unseres Heilandes."[1] Es war früher schon in der Schöpfung des Weltalls seine Allmacht, früher in der Regierung desselben seine Weisheit erschienen; aber die Milde seiner Erbarmung erschien am schönsten in seiner Menschwerdung. Kund war in Zeichen und Wundern den Juden seine Allmacht geworden, daher wir auch in ihrem Gesetze oft finden: „Ich bin der Herr, ich der Herrscher." Auch den Weltweisen, die in eigenem Dünkel sich selbst vergötterten, war seine Majestät kund geworden, da den Worten des Apostels zufolge, „was von Gott erkennbar ist, war ihnen kund."[2] Allein es erbebten die Juden wegen der Hoheit der Macht, und die Weltweisen wurden im Erforschen der Majestät von der Glorie erdrückt. Unterwürfigkeit fordert die Allmacht, Bewunderung die Majestät, keine jedoch fordert Nachahmung. So laß denn, o Herr, deine Güte erscheinen, daß der Mensch nach deinem Ebenbilde erschaffen, nach derselben sich umbilde. Denn deine Majestät, Allmacht und Weisheit vermögen wir weder nachzuahmen, noch frommt es uns, derselben nachzueifern. Indeß aber deine Erbarmung sich allein auf die Engel beschränket, waltet deine Gerechtigkeit wie überall so auch über dem menschlichen Geschlechte: „Herr im Himmel ist deine

---

1 Tit. 3, 4.
2 Rom. 1, 19.

9*

Erbarmung, und bis in die Wolken ward deine Wahrheit erhoben,"[1] welche die ganze Erde so wie alle Gewalten der Luft verdammt. Laſſe, Herr, deine Erbarmung ihre Grenzen erweitern, ihre Netze auswerfen, ihren Schooß ſich entfalten, und zur Sicherheit ausdehnen von einem Ende zum andern, um Alles in lieblicher Milde zu umfaſſen und zu ordnen. Eingeengt ward, o Herr, des Gerichtes, wegen der Schooß Deiner Barmherzigkeit; o löſe Deinen Gürtel und erſcheine in reichlicher Erbarmung und in überfließender Liebe.

Was fürchteſt du, o Menſch? was erbebeſt du vor dem Antlitze des Herrn, daß er kommt! Er kommt, nicht um die Erde zu richten, ſondern ſie zu erlöſen kommt er. Einſt beredete dich ein untreuer Knecht, daß du die königliche Krone heimlich entwendeteſt, und deinem Haupte ſie aufſetzteſt. Und wie hätteſt du, ergriffen im Diebſtahl nicht fürchten, wie vor ſeinem Antlitze nicht fliehen ſollen? Denn furchtbar ſtrahlte bereits ſein feuriges Schwert. Nun in die Verbannung verſtoßen, verurtheilt, dein Brod im Schweiße deines Angeſichtes zu eſſen, ertönt urplötzlich der Ruf: „Sieh, der Herrſcher kommt!" Wo willſt du hin vor ſeinem Geiſte, wohin vor ſeinem Angeſichte fliehen? — Fliehe nicht, und laß von keiner Furcht dich ängſtigen, denn er kommt nicht in Waffen, und ſucht dich nicht auf, um zu ſtrafen, ſondern um dich zu retten. Und daß du nicht etwa ſageſt: „Ich hörte deine Stimme und verbarg

---

1 Pſ. 35, 36.

mich," [1] so sieh, er kommt als ein Kind und ohne Stimme! Denn die Stimme eines weinenden Kindes erregt mehr Mitleid als Furcht; und ist sie vielleicht auch furchtbar, so ist sie es doch dir nicht. Ein Kindlein ward er; eine jungfräuliche Mutter hüllte seine zarten Glieder in Windeln; und du bebest noch vor Furcht? Gerade daraus sollst du erkennen, daß er nicht kam, dich zu verdammen, sondern zu erretten, dich zu erlösen, nicht zu binden. Sieh, schon kämpft er mit deinen Feinden; schon zertritt er, als die Kraft und Weicheit Gottes, das Haupt der Stolzen und Mächtigen.

Zwei Feinde hast du, die Sünde und den Tod; den Tod nämlich des Körpers und der Seele. Beide kam er zu bekriegen, und von beiden wird er dich erretten; sey also ohne Furcht. Und schon besiegte er die Sünde in eigener Person, als er die menschliche Natur ohne den mindesten Flecken annahm. Denn große Gewalt ward der Sünde angethan, und besiegt erkannte sie sich, als die Natur, welche sie durchaus verderbt zu haben und zu beherrschen sich rühmte, vollkommen rein in Christo erschien. Und seit jenem Augenblicke verfolgt er deine Feinde und nimmt sie gefangen, und er wendet sich nicht ab, bis sie erliegen. Gegen die Sünde streitend in seinem Wandel bekämpft er sie mit Wort und That; aber erst in seinem Leiden bindet er dieselbe, dort fesselt er erst wahrhaftig jenen Starken und raubt seine Gefäße. Auf gleiche Art besiegt er nun auch zuerst in sich den

---

1 Gen. 3, 10.

Tod, indem er als Erstling der Entschlafenen, und als Erstgeborner unter den Todten aufsteht. Dann wird er ihn auch ebenso in uns allen besiegen, wenn er einst unsere sterblichen Leiber erwecken, und den letzten aller Feinde den Tod zerstören wird. Denn deshalb zog er, als er auferstand, Zierde an und ward, nicht wie früher bei seiner Geburt, in ärmliche Kleidung gehüllt. Deswegen umgürtete er, dessen Schooß früher von Erbarmung so überströmte, daß er Niemanden richtete, sich bei seiner Auferstehung, und scheint mit dem Gürtel der Gerechtigkeit gleichsam den überströmenden Schooß der Erbarmung eingezogen zu haben, weil er von jener Zeit an, zum Gerichte sich vorbereitet, das bei unserer Auferstehung gehalten wird. Denn deswegen kam er auch früher als ein Kind, daß er zuerst Barmherzigkeit spendete, und also dem Gerichte am Ende der Zeit voreilend, dasselbe durch Barmherzigkeit milderte.

Kam er aber auch als ein kleines Kind, so sind darum seine Geschenke nicht klein, er bescherte uns nicht wenig. Fragst du etwa, was er gebracht habe? Vor allen Dingen brachte er uns die Erbarmung, kraft deren er, wie der Apostel bezeugt, „uns erlöset hat" Denn nicht nur jenen war er heilbringend, die er bei seiner Ankunft am Leben fand; sondern ein Quell ist er, der nimmermehr erschöpft werden kann. Ein Quell ist uns Christus der Herr, aus welchem wir gewaschen wer-

---

1 Offenb. 1, 5.

den, da er, wie geschrieben steht, uns geliebt und von unsern Sünden uns gewaschen hat. Doch nicht der einzige Gebrauch des Wassers ist dieses; es wascht nicht nur Unreinigkeiten hinweg, sondern löscht auch den Durst. Daher der Weise: „Selig, wer in der Weisheit bleiben, und in Gerechtigkeit betrachten wird;[1] denn, fährt er später fort, das heilsame Wasser der Weisheit wird ihn tränken."[2] Wohl nennt er das Wasser der himmlischen Weisheit heilsam, weil die Weisheit des Fleisches der Tod und die Weisheit der Welt eine Feindin Gottes ist. Nur die Weisheit, welche aus Gott ist, ist heilsam, da sie, nach dem Zeugnisse des heiligen Jakobus, zuerst züchtig, dann friedliebend ist.[3] Die Weisheit des Fleisches dagegen ist unzüchtig, keineswegs züchtig. Die Weisheit aber, welche aus Gott ist, ist zuerst züchtig, nicht das Ihrige suchend, sondern was Jesu Christi ist, daß keiner seinen eigenen Willen thut, sondern erforsche, welches der Wille Gottes sey; dann friedliebend, nicht voll des eigenen Sinnes, sondern vielmehr sich begnügend mit fremdem Rathe und Urtheile.

Der dritte Gebrauch des Wassers ist die Begießung, welche besonders neue und zarte Pflanzungen nothwendig haben; denn ohne dasselbe werden sie entweder minder gedeihen, oder vor Trockenheit gänzlich zu Grunde

---

1 Eccles. 14, 22.
2 Eccles. 15, 13.
3 Jak. 3, 17.

gehen. Jeder suche demnach das Gewässer der Andacht,
wer nur immer den Saamen guter Werke aussäet, damit der Garten seines frommen Wandels von dem
Quell der Gnade begossen, nicht vertrockne, sondern in
steter Grüne blühe. In diesem Sinne flehte auch te:
Prophet, da er sprach: „Dein Brandopfer soll
fett werden.“ [1] So lesen wir auch zum Lobe Aa-
rons, daß sein Opfer von täglichem Feuer verzehrt wä b.
Alles dieses scheint auf nichts anderes hinzudeuten, als
daß gute Werke mit dem Eifer der Andacht und der Lieb-
lichkeit der geistlichen Gnade gewürzt werden müssen.
Suchen wir nun auch den vierten Quell, daß wir aufs
Neue das Paradies gewinnen so höchst lieblich durch die
Begießung jener vier Quellen. Denn hoffen wir nicht,
daß das irdische Paradies auf's Neue uns zu Theil werde, wie sollen wir Hoffnung nach dem Himmlischen he-
gen? „Wenn ich Irdisches euch sage, spricht der
Herr, und ihr nicht glaubet; wie werdet ihr
glauben, so ich Himmlisches euch sagen werde.“ [2] Damit also durch die Verleihung des Gegenwärtigen unsere Hoffnung auf das Zukünftige fest begründet
werde, erhielten wir ein weit besseres, ein weit erfreu-
licheres Paradies, als unsere ersten Eltern hatten; und
dieses unser Paradies ist Christus der Herr, in welchem
wir bereits drei Quellen gefunden haben; die vierte lasset uns nun suchen. Aus dem Quell der Erbarmung
strömt uns das Wasser der Sühne, um unsere Schuld zu

---

1 Pf. 19, 4.
2 Joh. 3, 12.

tilgen; aus dem Quell der Weisheit das Wasser des Friedens, um unsern Durst zu stillen; aus dem Quell der Gnade, das Wasser der Andacht, um die Pflanzen unserer guten Werke zu begießen; suchen wir nun heißes Wasser, Wasser des Eifers, um die Speisen zu kochen. Denn dieses hervorströmend aus dem Quell der Liebe, läutert und würzet unsere Regungen. Daher der Prophet: „Es glühete mein Herz in mir, und Feuer wird in meiner Betrachtung sich entzünden;"[1] und anderswo: „Der Eifer deines Hauses verzehrt mich."[2] Denn die Süßigkeit der Andacht nährt die Liebe der Gerechtigkeit, so wie die Glut des Eifers, die Ungerechtigkeit haßt. Und vielleicht sind dies jene Quellen, wovon Jesaias vorhergesagt hat: „Mit Freude werdet ihr Gewässer schöpfen aus den Quellen des Erlösers."[3] Denn daß diese Verheißung von diesem gegenwärtigen und nicht von dem zukünftigen Leben gelte, erhellet aus dem Zusatze: „An jenem Tage werdet ihr sagen: „Preiset den Herrn und rufet seinen Namen an." Die Anrufung nämlich kann nur von dem gegenwärtigen Leben gelten; wie geschrieben steht: „Rufe mich an am Tage der Trübsal."[4]

Nun scheinen drei dieser Quellen den drei verschiede-

1 Pf. 38, 4.
2 Pf. 68, 10.
3 Jes. 12, 4.
4 Pf. 49, 15.

nen Ständen zu entsprechen, die in der Kirche bestehen, und zwar die einzelnen, den einzelnen. „Der erste ist allen gemeinsam, denn in vielen Dingen fehlen wir alle, und es ist uns Allen der Quell der Erbarmung nothwendig, um die Unreinlichkeit unserer Sünden abzuwaschen. „Alle, sage ich, sündigten wir, und bedürfen der Glorie Gottes."[1] Mögen wir Prälaten enthaltsam oder verheirathet seyn: „Wenn wir sagen, daß wir keine Sünde haben, so verführen wir uns selbst."[2]

Da also Niemand rein von Sünden ist, so ist der Quell der Erbarmung uns Allen gleich nothwendig, und mit gleicher Sehnsucht sollen Noe, Daniel und Job zu demselben eilen. Übrigens möge Job doch vorzüglich den Quell der Weisheit aufsuchen, weil er meistens zwischen Fallstricken wandelt, und es ihm schon als etwas Großes angerechnet wird, wenn er nur vom Übel sich frei erhält. Daniel aber eile zu dem Quell der Gnade, da es ihm nothwendig ist, daß seine Bußwerke und Enthaltsamkeit mit dem fetten Thaue der Andacht begossen werden. Denn es gebührt sich, daß wir alles in großer Fröhlichkeit vollbringen: „Da Gott einen heitern Geber liebt."[3] Auch ist unsere Erde keineswegs fruchtbar an Saamen dieser Art, des guten Wandels nämlich, daher dürfte sie leicht vertrocknen, wenn ihr nicht durch fleißiges Begießen nachgeholfen wird. Darum verlangen wir auch in

---

1 Röm. 3, 23.
2 Joh. 1, 8.
3 2 Corr. 9, 7.

dem Gebete des Herrn diese Gnade täglich von Gott, wenn wir ihn um das tägliche Brod bitten. Und allerdings müssen wir dies thun, wenn nicht jener schreckliche Fluch des Propheten uns treffen soll: „Sie sollen werden gleich dem Heu auf den Dächern, das schon vertrocknete, ehe es noch ausgerissen ward.“[1] Der Quell des Eifers endlich ist insbesondere dem Noe nothwendig, indem besonders den Vorgesetzten der Eifer ziemt.

Diese vier Quellen also, reicht Christus in sich selbst uns dar, so lange wir noch im Fleische wandeln, den fünften aber, den Quell des Lebens, verheißt er uns jenseits nach diesem Leben. Nach ihm dürstete den Propheten als er sprach: „Es dürstet meine Seele nach Gott, dem Lebens-Quell.“[2] Und vielleicht wurde wegen dieser vier Quellen Christus am Kreuze noch lebend an vier Orten durchbohrt, wegen des fünften aber seine Seite erst durchstochen, als er bereits den Geist aufgegeben hatte. Er lebte noch, als man seine Hände und Füße durchbohrte, damit er uns, die wir noch leben, aus sich selbst vier Quellen eröffnete; die fünfte Wunde aber ward erst nach seinem Tode geöffnet, damit wir auch nach dem Tode noch einen reichlichen Quell in ihm hätten. Aber sieh, indem wir von den Geheimnissen seiner Geburt reden, kamen wir plötzlich dahin, die innere Heiligung seines heiligen

---

1 Pf. 128, 6.
2 Pf. 41, 2.

Leidens zu erforschen. Doch ist es kein Wunder, daß
wir in dem Leiden suchen, was uns Christus in seiner
Geburt gebracht hat: Dann erst als der Sack geöffnet
ward, in welchem das Lösegeld verborgen war, strömte
der Preis unserer Erlösung heraus.

Aurelius Augustinus.

Über

das Leben

des

heiligen Augustinus.

Der heilige Augustinus wurde zu Tagaste einer kleinen Stadt Numidiens in Afrika aus einer nicht
sehr reichen, aber sehr rechtschaffenen Familie im Jahre
354 geboren. Sein Vater Patricius war ein Heide
und von sehr heftiger Gemüthsart; seine Mutter dagegen, die heil. Monika, eine wahrhaft christliche Ehe-
frau, voll Sanftmuth und inniger Frömmigkeit. Sie
unterrichtete ihren Sohn in den Geheimnissen der christlichen Religion, lehrte ihn beten, und verabsäumte es
nie, ihm den Weg der Tugend bittend und ermahnend
zu zeigen. Patricius von der andern Seite, dachte
mit großer Sorgfalt darauf, die herrlichen Anlagen,

die er in seinem Sohne sich entfalten sah, ausbilden, und ihm zu dem Ende eine wissenschaftliche Erziehung geben zu lassen.

Daher schickte er ihn schon früh in die Schule seines Geburts-Ortes und dann in die nahe gelegene Stadt Madaura, um dort in der Grammatik, Dichtkunst und Redekunst weiter ausgebildet zu werden. Als er sechszehn Jahre alt war, kannte er jene Gegenstände des Unterrichts, soweit sie dort gelehrt wurden, und kehrte nach Tagaste zurück. Hier überließ er sich ein Jahr lang dem ganzen Ungestüm seiner Leidenschaft, und machte zum großen Leidwesen seiner Mutter viele böse Bekanntschaften. Dabei zeichnete er sich aber zur Freude seines Vaters überall aus, wo er nur erschien.

Im Jahre 370 reiste Augustin, um seine Studien zu vollenden, nach Karthago, und zeichnete sich hier von Stolz und Ehrgeiz entflammt, besonders in der Redekunst vor Allen aus; überließ sich im übrigen ganz seinen Leidenschaften nach Vergnügungen, und erlaubte sich Alles, was ihm nur Genuß verschaffen konnte. Um zu glänzen, studirte er, und um zu genießen, schien er zu leben. In diesem Strome zum Verderben las er das verlorne Buch des Cicero „Hortensius" betitelt, und von den Worten des Büchleins ergriffen, fühlte er sich von glühendem Verlangen nach Weisheit entflammt, und von Verachtung für Reichthum und Ehrenstellen erfüllt. Obwohl er nun hierdurch zu den Büchern der Weltweisen gewiesen wurde, und als ihm diese nicht mehr gefielen, er zu den heiligen Schriften gelangte, so ward sein Stolz doch nicht gebeugt,

und er auch dadurch gehindert, an den heil. Schriften
Gefallen zu finden, und in deren Geist einzudringen.
Besonders aber stand ihm, der früher immer in den Blu-
men der Dichter gelebt hatte, die einfache Sprache der
heil. Bücher entgegen.

Durch diese Versuche in der heidnischen Philosophie
sowohl, als in dem Christenthume, war sein inneres Leben wach und er, zu jenem Streben nach Wahrheit hin-
geleitet worden, das sein ganzes Leben charakteristisch
bezeichnet. Aber unsicher und verworren waren noch alle seine Wünsche. In diesem Gemüthszustande bot ihm
die Sekte der Manichäer ihre offene Arme dar, mit dem
Versprechen, alle Fragen über die innere Natur aller
Dinge zu beantworten, und nichts als Geheimnisse, wie
die christliche Lehre, wollte, ihm zum Glauben vorzulegen.
Dieses Versprechen befriedigte für jetzt ganz die Wünsche
Augustins, und bewogen ihn an dieser Sekte Theil zu
nehmen und neun Jahre lang darin zu verbleiben. Die
Hauptursache dieses Schrittes war sein Stolz; dann trug
aber auch seine Unkeuschheit dazu bei, die sein ganzes
Innere umstrickt hielt, und ihn nicht los lassen wollte.
Von ihr sagt er später: ihre Eigenthümlichkeit besteht
darin, daß sie den Menschen entwürdigt, seinen Geist
verblendet, sein Herz verhärtet, ihm den Geschmack am
Geistigen raubt, das Licht der Vernunft auslöschet,
seinen Willen und alle Seelenfähigkeiten verkehrt und
irre leitet. Seinen Stolz bezeichnete er mit folgenden
Worten: „Ich suchte mit Stolz, was nur die Demuth
allein finden konnte. Ich Thor bildete mir ein, daß ich
im Fluge mich hinaufschwingen könnte, und ich fiel auf

die Erde nieder."* So hielt ihn vom Christenthume jene unfreie Freiheit ab, die ihm erlaubte, alle seine Leidenschaften zu befriedigen, ohne ihm jedoch zu gestatten, das Wahre zu erkennen, vielweniger das Gute zu üben.

Indeß hatte er solche Fortschritte in allen Theilen der Wissenschaft gemacht, daß er nach Tagaste zurückkehren und daselbst eine Schule für Grammatik und Rhetorik errichten konnte. Seine Mutter, die der reinen Lehre der Kirche mit ganzer Seele ergeben war, weinte über die Verirrungen ihres Sohnes und flehte unaufhörlich zu Gott, um seine Bekehrung. Sie wollte nicht mit ihm an einem Tische essen wegen seines Irrthums, in der Hoffnung, daß ihn eine solche Behandlungsweise zur wahren Erkenntniß zurückführen würde. Als dieses nicht fruchtete, ging sie zu ihrem Bischofe und beschwor ihn unter Thränen, ihren Sohn zu bekehren. Allein dieser sagte ihr: Augustin habe noch eine zu große Meinung von sich und seinen spitzfindigen Frägen, womit er zu streiten pflegte, als daß er noch einsehen könne, wie groß jener Irrthum und Gottlosigkeit sey, worin er sich befinde, und schickte die unglückliche Mutter mit den Worten fort: „Gehe hin, so wahr du lebst, unmöglich kann ein Sohn solcher Thränen zu Grunde gehen." Dennoch sollte noch manches Jahr dahin gehen, ehe ihr Wunsch erfüllt wurde.

Augustin erlitt indessen in seinem Leben eine heftige Erschütterung durch den Tod eines Freundes, in dessen Schooß er alle seine Leiden auszuschütten pflegte. Sein

---

* Tom. V. p. 286. Serm. 51.

Herz ward in eine Bitterkeit versetzt, worin es nirgends Trost finden konnte; überall schien ihm das Bild des Todes entgegen zu kommen; Alles war ihm verhaßt, weil ihm nichts den Verlornen wiedergab, und weil er nicht, wie ehedem, wenn er abwesend war, sagen konnte: „Sieh, er kömmt.“ Nur seine Thränen waren ihm süß, und, da sie an die Stelle seines Freundes getreten waren, fand er in ihnen allein seine Seelenwonne.

Da ihn nichts trösten konnte, zog er sich nach Karthago zurück, wo die Zeit und neue Verbindungen seinen Schmerz linderten. Er eröffnete daselbst eine Schule für die Redekunst und trat unter großen Beifallsbezeugungen als Lehrer in der Schule und als Sachwalter vor Gericht auf. Die ersten Preise in der Beredsamkeit und Dichtkunst wurden ihm zu Theile. Aber immer fesselte ihn thörichter manichäischer Stolz und Aberglaube, ohne ihn zu sättigen. Was er von den Manichäern zu erlernen gehofft hatte, sah er nicht in Erfüllung gehen, und wurde dadurch immer mehr von ihnen abgewendet, ohne sich der reinen christlichen Lehre mehr zu nähern. Er entschloß sich sogar, so in der Ungewißheit zu bleiben, bis er Etwas finden würde, das ihm vernünftiger und genügender schiene. Er war damals neun und zwanzig Jahr alt.

Der Streitigkeiten, die zu Karthago an der Schule herrschten, schon lange müde, ging er, im Jahre 383 ohne Vorwissen seiner Mutter nach Rom, und eröffnete auch hier eine Schule der Beredsamkeit, die bald

10*

von den ausgezeichnetsten jungen Leuten Roms besucht
wurde. Wer ihn hörte, bewunderte seine Kenntnisse
und Fähigkeiten und fand ihn wegen seines sanften Cha-
rakters höchst liebenswürdig. Als aber auch hier später
Streitigkeiten unter den Studierenden entstanden, war
es ihm sehr angenehm, auf den Wunsch des Kaisers,
Vallentinian des Jüngern, von dem Präfekten Sym-
machus aufgefordert zu werden, als Lehrer der Beredsamkeit nach Mailand zu gehen.

Hier empfing man ihn mit der größten Auszeich-
nung, und er rechtfertigte bald die hohe Erwartung,
die man von ihm hatte. Der heil. Ambrosius be-
zeigte ihm insbesondere eine hohe Achtung. Obgleich er
auch jetzt noch, wie früher, nur Nahrung für seinen Stolz
suchte, so machte doch die Lehre, welche der heil. Erzbischof von Mailand verkündigte, unmerklich Eindruck auf
sein Herz, und säete darin einen Saamen, welcher in
der Zeit aufkeimen sollte. Er studierte nun die Schriften des Plato nach Viktorins lateinischer Übersetzung,
fing dann wieder an, das neue Testament und nament-
lich die Briefe des heil. Paulus zu lesen, und fand ein
großes Wohlgefallen daran, indem er darin lernte, was
er schon lange fühlte, daß er in seinen Gliedern ein
Gesetz habe, das dem Gesetze seines Geistes widerspreche,
und daß nur die Gnade Jesu Christi von diesem tödten-
den Widerspruche befreien könne. In diesem unendli-
chen Abstande, zwischen der Lehre des Apostels und der
Lehre der Philosophen und Manichäer stand er noch ungewiß
mit sich selbst, wohin er sich wenden solle. Die Bekehrung des Viktorin, die ihm Simplician, ein Pri-

ster von Mailand erzählte, machte in dieser Zeit
seiner Unentschiedenheit auf Augustin einen großen
Eindruck. Noch mehr aber als diese wirkte in ihm
die Erzählung der Bekehrung eines kaiserlichen Die-
ners zu Trier, der einst in ein Häuschen gerathen sey,
wo einige Diener Gottes jene Geistesarmuth übten, die
einem Jeden Hochachtung abnöthigt. Als jener diese sah,
fühlte er plötzlich heftige Gewissensbisse, schämte sich seines Standes, wandte sich zu seinen Freunden, die bei
ihm waren, und sagte: „Saget mir, ich bitte euch, wo-
„hin streben wir doch mit allen unsern Mühen zu ge-
„langen? was suchen wir? aus welcher Ursache dienen
„wir? kann unsere Hoffnung am Hofe sich ein höheres
„Ziel ersehen, als daß wir Freunde des Kaisers wer-
„den? und was ist da nicht gebrechlich und voll Ge-
„fahren? und durch wie viele Gefahren muß man ge-
„hen, bis man zu dieser größern Gefahr gelangt? und
„wie lange wird das noch währen? ein Freund Gottes
„aber, sieh! wenn ich will, werde ich sogleich.“[1]

Diese Erzählung, welche Pontitianus, ein Afri-
kaner, der bei Hofe in großem Ansehen stand, dem Augustin machte, drang tief in dessen Seele. Er sah wie in
einem Spiegel seine Schande, und seine Schmach und
er schauderte vor sich selbst. „Was erdulden wir? sagte
er darauf zu seinem Freunde Alypius, „was harrest
„du, Ungelehrte stehen auf, und reißen das Himmel-
„reich an sich, und wir mit unserer herzlosen Gelehrt-
„heit, sieh! wie wir uns wälzen im Fleisch und Blute!

[1] Conf. lib. 8. c. 6.

„schämen wir uns, weil diese vorangingen, zu folgen,
„und schämen uns nicht, nicht einmal zu folgen?" Über
diesen innern Seelenkampf, sagt er selbst von sich: „Hart
„ward ich gepeinigt, mich selbst heftiger als je ankla-
„gend und in meinen Fesseln mich wälzend und windend,
„bis sie ganz zerbrächen, die mich nur noch schwach,
„aber dennoch hielten........ Je näher der Zeitpunkt
„heranrückte, wo ich ein anderer Mensch werden sollte,
„um so größern Schauder jagte er mir ein; doch jagte
„er mich nicht zurück, sondern ließ mich schwanken.
„Mich hielten Possen der Possen, und Eitelkeiten der
„Eitelkeiten, meine alten Freundinnen zurück, und zupf-
„ten an dem Kleide meines Fleisches, und murmelten:
„Entlässest du uns? und von diesem Augenblicke an sol-
„len wir nicht fernerhin bei dir seyn in Ewigkeit? und
„von diesem Augenblicke an soll dies und jenes dir nicht
„erlaubt seyn in Ewigkeit?...... Welche Schändlich-
„keiten flüsterten sie mir zu, welche Schandthaten?
„Und schon hörte ich sie weit weniger, als zur Hälfte.
„u. s. w."[1]

  In diesem Kampfe brach er endlich unter Thränen
in die kläglichen Worte aus: „Wie lange noch? Mor-
„gen und Morgen? Warum nicht jetzt? Warum nicht
„in dieser Stunde an's Ende meiner Schande." Während er das aussprach, meinte er, er höre eine Stimme
sagen: „Nimm und lies! Nimm und lies. Und
er nahm die Bibel, und las: „Nicht im Fressen
„und Saufen! Nicht in Schlafkammern und Un-

---

[1] Conf. lib. 8, c. 11.

zucht! nicht in Hader und Neid, sondern zie-
het an den Herrn Jesum Christum, und thuet
nicht, wornach das Fleisch trachtet in seinen
Lüsten." [1] Diese Stelle stärkte den festen Mann in
seinem Kampfe; er ward und blieb Sieger über sich
selbst, Augustin war bekehrt. „Wie lieblich, sagt er,
„ward es mir plötzlich, die Süßigkeit der Possen zu
„entbehren, und welche Freuden gewährte es mir, ih-
„nen nun zu entsagen, die ich vorhin zu verlieren ge-
„fürchtet hatte!" [2]

Augustin bekehrte sich im Jahre 386 im zwei und
dreißigsten Jahre seines Alters, und wurde mit seinem
unehlichen Sohne Adeodat am Vorabende der Ostern
des Jahres 387 zu Mailand vom Erzbischofe dem heil.
Ambrosius getauft. Seine Mutter, die ihren Sohn in Ita-
lien aufgesucht, und nun so glücklich gewesen war, das Ziel
ihrer Thränen erreicht zu sehen, starb in demselben Jahre
zu Ostia, als sie im Begriffe war, mit ihrem Sohne in
die Heimath zurückzukehren. Gegen drei Jahre lebte
nachher Augustin auf seinen väterlichen Gütern bei
Tagaste in stiller Zurückgezogenheit, beschäftigt mit
Beten, Fasten und Betrachtungen der heil. Schriften.
Darauf schenkte er sein väterliches Erbe der Kirche von
Tagaste, und wurde zu Hippo Priester, wo er mit
Hülfe des Bischofs Valerius eine Genossenschaft stif-
tete, aus der in der Folge viele Bischöfe hervorgingen.
Ganz im Vertrauen des Valerius ernannte ihn die-

---

1 Röm. 15, 18.
2 Conf. lib. 9. c. 1.

ter, von der Last der Jahre niedergedrückt, zum Mitgehülfen seines bischöflichen Amtes, und ließ ihn im December 395, im Beginne seines zwei und vierzigsten Lebensjahres, zum Bischofe weihen, damit er ihm nicht von irgend einer andern Stadt entzogen würde.

Unermüdlich und unerschütterlich stand nun der heil. Mann in dem Dienste der Wahrheit und der Tugend. Die Manichäer, die Donatisten, die Circumcellionen, die Pelagianer und andere Ketzer bekämpfte er mit Wort und Schrift. Die Donatisten überwand er in zweien Zusammenkünften zu Karthago und zu Cäsarea, so daß eine zahllose Menge Irrgläubiger, die der Unterredung beigewohnt hatten, in die katholische Kirche zurückkehrten, und die Sekte von der Zeit an (411) als aufgelöst anzusehen ist; — den Manichäer Felix, der nach Hippo gekommen war, um seine Sekte wieder einzuführen, brachte er nach einer dreitägigen Unterredung in der Kirche zum rechtmäßigen Glauben zurück; — gegen den Pascentius, den Verwalter der kaiserlichen Einkünfte, der die Irrthümer des Arianismus vertheidigte, vertrat er höchst ehrenvoll die Sache der reinen Lehre; — mit den Pelagianern stritt er fast zehn Jahre hindurch in Predigten, Briefen und andern Schriften. Um über die Sache des Glaubens besonders zu wachen, wohnte er vielen Kirchenversammlungen bei, und vermochte durch sein großes Ansehen, das ihm seine tiefe Gelehrsamkeit und große Frömmigkeit gaben, alle Zwietracht zu heben, die reine Lehre zu befestigen, und heilsame Anordnungen aller Art zu begründen.

In seiner Umgebung ward er Allen ein wahrhaft heiliger Vater. Er hatte, nachdem er Bischof geworben war, die Einrichtung getroffen, daß seine Priester, Diakonen und Unterdiakonen ihrem Eigenthume entsagten, mit ihm zusammenwohnten, und Alles mit ihm theilten. Über dem Tische, woran sie gemeinschaftlich aßen, und der jedem Fremden gastlich offen stand, hatte er ein Distichon geschrieben, dessen Sinn war, daß solche, die von Andern Übels reden, nicht bei ihm erscheinen sollten. [1] Schenkungen, wodurch rechtmäßige Erben beeinträchtigt schienen, wieß er mit Strenge von dem Kirchengute zurück, und ließ sogar nach dem Beispiele des heil. Ambrosius zuweilen heilige Gefäße zusammenschmelzen, um Arme zu unterstützen und Gefangene loszukaufen. Er besuchte Niemanden, als die Waisen, Wittwen, Kranken und Betrübten; bei ihnen war er auch mit ganzem Herzen, tröstete sie und schenkte ihnen was er hatte. Im übrigen befolgte er gegen die äußere Welt drei Grundsätze des heil. Ambrosius, 1) sich nicht in Ehesachen zu mischen, 2) Niemand zum Soldatendienst zu bereden, 3) niemals Gastmählern beizuwohnen.

So lebte der Heilige gegen vierzig Jahre im Dienste der Kirche ein reiches Leben, voll Beispiele für jedes Lebensverhältniß, Allen und jedem Einzelnen der Mit- und Nachwelt zum Muster. Sein ernstes Ringen nach Wahrheit, selbst wenn er sie zu bekämpfen schien, sein mächtiger Kampf um Tugend und Rechtschaffenheit, so wie sein glorreicher Sieg über Welt und Leidenschaft,

---

1 Quisquis amat dictis absentum rodere vitam,
Hanc mensam indignam noverit esse sibi.

hat sich die Bewunderung aller großen Männer aller Zeiten gewonnen.

Er starb 430 in seinem 76sten Lebensjahre, machte aber kein Testament, weil er nichts hinterließ, worüber er hätte verfügen sollen.

Die beste Ausgabe der Werke des heiligen Lehrers ist unstreitig die der Benediktiner, die in eilf Foliobänden von 1679 bis 1700 zu Paris gedruckt ist. Darin sind seine Schriften nach folgender Art geordnet:

Tom. I.

Retractationum lib. 2. scripti anno 426 et seq.

Confessionum lib. 13. an. circiter 400. (Übersetzt v. Silbert.)

Contra Academicos lib. 3. an. 586.

De beata vita lib. 1. cod. an.

De ordine lib. 2. eod. an.

Soliloquiorum lib. 2. an. 387.

De Immortalitate lib. 1. an. 587.

De Quantitate animae lib 1. an. 388.

De Musica lib. 6. an. 387—89.

De Magistro lib. 1. an. 389.

De libero Arbitrio lib. 3. an. 388-395. (Übersetzt v. Jos. Widmer.)

De Genesi contra Manichaeos lib. 2. an. 389.

De Moribus Eccl. cathol. et de moribus Manich. lib. 2. an. 388.

De vera Religione lib. 1. circa an. 390. (Übersetzt v. J. Leop. Graf zu Stolberg.)

Regula ad servos Dei.

Nonnulla supposititia in Appendice.

Tom. II.

Epistolæ 270.

Nonnullae supposititiae in Appendice.

Tom. III.

De Doctrina christiana an. 397—426. (Übersetzt v. D. Caspar Strobl. 1532)

De Genesi ad litteram liber imperfectus.

De Genesi ad litteram lib. 12. an. 401—415.

Locutionum lib. 7. an. 419.

Quæstionum in Pentateuchum. lib. 7. eod an.

Annuntiationum in Ioh. lib. 1. an. 400.

Speculum an. 427.

Nonnulla supposititia in Appendice.

De consensu Evangelistarum lib. 4. an. 400.

De sermone Domini in monte lib. 2. an. 393.

Quæstiones Evang. lib. 2. eod. ann.

Qæstion. 17 in Matth. lib. I.

In Iohannem tractatus 124. an. 412.

Epist. Ioh. ad Parthos tract. 10. an. 216.

Expositio quarumd. proposit. ex epistola ad Rom. an. 394.

Ex epist. ad Rom. expos. eod. an.

Expositiones epist. ad Galat. lib. 1. eod. an.

Tom. IV.

Enarrationes in Psalmos.

Tom. V.

Sermones ad populum. 394.

In Appendice.

Sermones supposititii. 317.

.Tom VI.

Opuscula moralia.
Multa supposititia.

Tom. VII.

De civitate Dei contra Paganos lib. 22. an. 413 —
426. (Überfeßt von Silbert.)
Nonnulla supposititia·

Tom. VIII.

Liber de hæresibus. an. 428.
Tractatus contra Iudæos.
Tractatus de utilitate credendi. an. 391.
De duabus animabus. liber 1. eod. an.
Acta contra Fortunatum Manichæum. an. 392.
Contra Adimantum. lib. 1. an. 394.
Contra epistolam fundamenti. lib. 1. an. 397.
Contra Faustum Manichæum. libri 33. an. 400.
De Actis cum Felice Manichæo. lib. 2. an. 404.
De natura boni advers. Manich. lib. 1.
Contra épist. Secundini Manich. lib. 1. an. 405.
Contra adversarium legis et prophet. an. 420.
Contra Priscillianistos et Originistos. lib. 1. anno
    415.
Contra serm. Arianorum. lib. 1. an. 418.
Collatio cum Maximino Arian. episcopo. an. 428.
De trinitate. lib. 15. an. 400—416.
Nonnulla supposititia in appendice.

Tom. IX.

Psalmus contra Donatistos. an. 393.
Contra epist. Parmeniani. lib. 3. an. 400.

De baptismo contra Donatistas. lib. 7.

Contra litteras Petiliani. lib. 3. an. 400.

Ad Catholicos epist. contra Donat. lib. 1. an. 402.

Contra Cresconium Grammat. lib. 4. an. 406.

De unico baptismo. lib. 1. an. 411.

Breviculus collationum contra Donatist. lib. 3. an. 412.

Ad Donatist. post collationem Carthag. an. 413.

Sermo ad Cæsariensis eccl. plebem.

Sermo super gestis cum Emerito Donatista. an. 415

Contra Gaudentium Donatistam. lib. 2. an. 420.

Nonnulla supposititia in appendice.

Tom. X.

De meritis et remissione peccatorum et de parvulorum baptisma ad Marcellinum. lib 3. an. 412.

De spiritu et littera ad Marcellinum. lib. 1. anno 413.

De natura et gratia. lib. 1. an. 415.

De perfectione justitiæ hominis. lib. 1. an. 415.

De gestis Pelagii. lib. 1. an. 416.

De gratia Christi et de peccato originali. lib. 2. an. 418.

Epistola ad Valerium Comitem.

De nuptiis et concupiscentia. lib. 2. an. 418.

De anima et ejus origine. lib. 4. an. 419.

Epistola ad Claudium episcopum.

Contra duas epistolas. Pelag. ad Bonifacium papam. lib. 4. an. 420.

Contra Iulianum lib. 6. au. 421..

Erste Rede

des heiligen Augustinus

Geburts-Tage des Märtyrers Stephanus.

Gestern haben wir die Geburt des Herrn gefeiert, heute feiern wir die Geburt des Knechtes. Aber die Geburt des Herrn feiern wir an dem Tage, an welchem er sich herabließ, geboren zu werden; die Geburt des Knechtes dagegen feiern wir an dem Tage, da er gekrönt ward. Wir feierten die Geburt des Herrn an dem Tage, wo er die Hülle unsers Fleisches annahm; die Geburt des Knechtes aber feiern wir an dem Tage, wo er die Hülle des Fleisches ablegte. Die Geburt des Herrn feierden wir an dem Tage, an welchem er uns ähnlich ward; die Geburt des Knechtes feiern wir an dem Tage,

191) Der Tag, von welchem die Märtyrer starben, wurde früher der christlichen Kirche Geburts-Tag genannt, weil die Märtyrer an diesem Tage für den Himmel geboren wurden.

wo er der Nächste nach Christus ward. Denn so wie Christus durch seine Geburt mit Stephanus, so ward Stephanus durch seinen Tod mit Christus verbunden. Die Kirche aber hat darum eine doppelte Andacht für den Tag der Geburt und des Leidens unsers Herrn Jesu Christi angeordnet, weil beides eine Arznei ist. Denn er ward geboren, damit wir wiedergeboren würden; er ist gestorben, damit wir ewig leben möchten.

Die Martyrer aber kamen durch ihre Geburt zu bösen Kämpfen, indem sie die Erbsünde mühsam mit sich trugen, durch ihren Tod aber sind sie zu den sichersten Gütern hinüber gegangen, indem sie aller Sünde ein Ende machten. Denn wenn die Belohnungen der künftigen Seligkeit, diejenigen, welche Verfolgung litten, nicht trösteten, wie würden sie in den verschiedenen Leiden die Strafen ertragen? Wenn der selige Stephanus, unter dem Stein-Regen, nicht, an die künftige Belohnung gedacht hätte, wie würde er jenes Hagelwetter ausgehalten haben? Aber er trug in seiner Seele das Gebot desjenigen, dessen Gegenwart er im Himmel sah; und von innigster Liebe ergriffen, wünschte er, diesen Körper sobald als möglich zu verlassen, und zu ihm sich aufzuschwingen. Und er fürchtete den Tod nicht mehr, weil er Christum, der für ihn getödtet ward, wie er wohl wußte, leben sah. Deswegen eilte er auch, selbst für ihn zu sterben, damit er mit ihm leben möchte. Denn was sah jener seligste Martyr im Todes-Kampfe? Ihr erinnert euch ohne Zweifel jener Worte, die ihr aus der Apostelgeschichte zu hören pfleget: "Sieh, sagt er, ich sehe die Himmel offen, und Christus zur

Rechten Gottes stehen."[1] Er sah Jesum stehen,
deswegen stand er, und fiel nicht. Christus blickte herab auf den, der für ihn kämpfte und gab dem Streiter
unbesiegbare Kräfte, damit er nicht unterliege. „Sieh,
sprach er, ich sehe die Himmel offen." Glückli-
cher Mensch, dem die Himmel offen standen! Aber wer
öffnete ihn? Der, von welchem es in der Offenbarung
heißt: „Er eröffnet, und Niemand verschließet;
er verschließet, und Niemand eröffnet."[2] Als
Adam nach jener ersten schrecklichen Sünde aus dem Paradiese ausgestoßen worden, ward dem Menschenge-
schlechte der Himmel verschlossen. Nach dem Leiden
Christi kam der Schächer zuerst in denselben, dann sah
ihn Stephanus offen. Was Wunder! Was er gläubig
sah, hat er gläubig verkündet, und gewaltsam errun-
gen.

Wohlan, meine Brüder, wir wollen ihm nachfolgen. Denn, wenn wir dem Stephanus folgen, so werden wir gekrönet. Vor allem aber sollen wir ihm nachfolgen und ähnlich werden in der Liebe unserer Feinde. Denn
ihr wisset, wie er von der Menge der Feinde umringt,
und durch beständige Steinwürfe von allen Seiten
her niedergeschlagen, ruhig und unverzagt, sanft und
mild unter den Steinen der Juden, von denen er getödtet wurde, in den Tod sank, und auf den hinblickte,
für welchen er getödtet ward. Er sprach nicht: Herr
halte Gericht über meinen Tod; sondern, „Herr

---

[1] Apostelg. 7, 55.
[2] Offenb. Joh. 3, 7.

nimm meinen Geist auf!"[1] Er sprach nicht: Herr
Jesu, räche deinen Knecht, den du solchen Tod erleiden
siehst, sondern, „rechne ihnen diese Sünde nicht
zu." Indem also der seligste Märtyr, wie ihr wisset,
im Zeugnisse der Wahrheit beharrte, und im Geiste der
Liebe entbrannte, gelangte er zum ruhmvollsten Ende.
Er, der berufen, bis ans Ende ausharrte, erlangte am
Ende das, was er genannt wurde. [2] Stephanus erlangte durch den Ruhm seines Namens die Krone. Da
also der selige Stephanus für Christus zuerst sein Blut
vergoß, kam vom Himmel herab gleichsam eine Krone,
welche diejenigen zur Belohnung bekommen sollten, welche die Tugend ihres Vorgängers im Kampfe nachahm-
ten. Seitdem hat ein zahlreiches Martyrthum die Erde
erfüllt. Alle, welche seither für das Bekenntniß Christi
ihr Blut vergossen, haben jene Krone auf ihr Haupt
gesetzt und sie für die Nachfolger unverletzt erhalten.
Auch jetzt noch, meine Brüder, hängt sie vom Himmel
herab; wer nach ihr verlanget, kann sich schnell zu ihr
emporschwingen. Um aber euere Heiligkeit kurz und
bündig zu ermahnen, bedarf es nicht vieler Worte: Es
folge dem Stephanus nach, wem nach der Krone verlanget.

---

1 Apostelg. 7, 58.

2 Stephanus ist ursprünglich ein griechisches Wort und heißt:
Kranz, oder Krone.

Vierte Rede

des heiligen Augustinus

über

den Märtyrer Stephanus.

Stephanus der Märtyrer, der selig und zuerst nach
den Aposteln von den Aposteln zum Diakonen geweiht,
und vor den Aposteln gekrönt worden ist, hat nach seinem Leiden diese Hallen erleuchtet, und sie nach seinem
Tode besucht. Aber nach seinem Tode würde er sie nicht
besucht haben, wenn er nicht nach seinem Tode noch gelebt hätte. Ein wenig Staub hat eine so große Volks-
menge versammelt. Der Staub ist verborgen, die Wohlthaten sind bekannt. Bedenket, Geliebteste, was uns
Gott für den Aufenthalt der Lebenden vorbehalten hat,
da er uns so Großes von dem Staube der Verstorbenen
gewähret. Von dem Leibe des heiligen Stephanus wird
in vielen Gegenden gepredigt, und das Verdienst seines
Glaubens anempfohlen. So wie er sollen auch wir

zeitliche Wohlthaten zu erlangen hoffen, damit wir durch
seine Nachahmung ewige zu empfangen gewürdigt werden.

Was uns der selige Märtyrer zur Nachahmung in
seinem Leiden vorgestellt hat, dieses zu beachten, dieses
zu glauben, dieses zu erfüllen, heißt wahrhaft das Fest
des Märtyrers feiern. Unser Herr scheint unter den
großen und heilsamen, göttlichen und höchsten Lehren,
welche er, seinen Schülern gegeben hat, dieses besonders
wichtig für die Menschen gehalten zu haben, daß er befahl, sie sollten ihre Feinde lieben. Dieses ist eine
wichtige Vorschrift, aber noch eine wichtigere Belohnung ist damit verbunden. Denn höret, was er mit
mahnender Stimme sagte: „Liebet euere Feinde,
thuet wohl denen, die euch haffen, und betet
für die, die euch verfolgen.[1]" Darin hast du das
Werk gehört, nun erwarte den Lohn aus dem, was er
hinzufügt: „Damit ihr Kinder eures himmlischen Vaters seyd, der seine Sonne über Gute und Böse aufgehen und über Ungerechte
wie über Gerechte regnen läßt." Dieses sehen
wir, dieses können wir nicht läugnen. Ist je den Wolken gesagt worden, regnet über die Äcker meiner Ver-
ehrer, und weichet von denen meiner Lästerer? Ist je
der Sonne gesagt worden, dich sollen jene erblicken,
die mich verehren, die meiner aber schmähen, sollen dich
nicht sehen? Wohlthaten von dem Himmel, Wohlthaten von der Erde! Es springen die Quellen, die Äcker

---

[1] Matth. 5, 44.

werden fett, die Bäume sind beschwert von Früchten.
Dieses haben die Guten, es haben dasselbe die Bösen;
die Dankbaren haben es, wie die Undankbaren. Von
dem, der so Vieles den Guten und den Bösen gibt,
sollten wir glauben, er bewahre nichts für die Guten.
Er gibt dasjenige den Guten und Bösen, was er auch
den Steinigern des Stephanus gegeben hat, das aber
bewahrt er für die Guten, was er dem Stephanus
allein gab.

Wir wollen also, meine Brüder, aus dem Beispiele
dieses Märtyrers vorzüglich lernen, unsere Feinde zu
lieben, indem uns hierzu schon Gott der Vater ein Bei
spiel vorgelegt hat, da er seine Sonne über Gute und
Böse aufgehen läßt. Dieses sagte auch der Sohn Gottes, nach der Annahme seines Fleisches, durch den Mund
seines Fleisches, welches er aus Liebe zu seinen Feinden
annahm. Denn er kam als Freund aller seiner Feinde
in die Welt, fand durchaus alle, als seine Feinde, fand
Niemanden als Freund. Für seine Feinde vergoß er
sein Blut; aber durch sein Blut bekehrte er seine Feinde.
Die Sünden seiner Feinde tilgte er durch sein Blut,
und indem er die Sünden tilgte, machte er aus Feinden, Freunde. Von diesen Freunden war auch Stephanus einer, ja er ist es und wird es seyn. Es zeigte
jedoch der Herr selbst am Kreuze zuerst, wozu er ermahnt
hatte. Denn indem die Juden überall knirschten, er-
bosten, verlachten, verhöhnten, und ihn endlich kreuzigten, sagte er: „Vater verzeihe ihnen, weil
sie nicht wissen, was sie thun.“¹ Denn die

¹ Luc. 23, 34.

Blindheit kreuziget mich. —Die Blindheit kreuzigte ihn;
und gekreuzigt von ihnen, machte er ihnen aus seinem
Blute eine Augensalbe.

Aber träge sind die Menschen zum Gebote, gierig
nach dem Lohne. Sie lieben nicht ihre Feinde, sondern
suchen sie von sich entfernt zu halten, und achten nicht
auf den Herrn. Wenn dieser sich von seinen Feinden
hätte befreien wollen, so wäre keiner übrig geblieben,
der ihn gelobt hätte. So oft sie jene Stelle des Evan-
geliums hören, worin der Herr am Kreuze sagt: „Vater verzeihe ihnen, weil sie nicht wissen was
sie thun," sagen sie sich, er konnte dieses, als Sohn
Gottes, als der Einige des Vaters. Denn das Fleisch
hieng, aber Gott war inwendig verborgen. Was sind
wir aber, die dieses thun sollen. That er etwa Unrecht, indem er dieses befahl? Das sey fern; er that
nicht Unrecht. Wenn du glaubst, daß es für dich zuviel
sey, deinem Herrn nachzuahmen, so betrachte den Stephanus, deinen Mitknecht. War etwa Stephanus Christus der Herr, der einzige Sohn Gottes? Christus der
Herr ist von einer reinen Jungfrau geboren worden;
ist dieses auch Stephanus? Christus der Herr kam, nicht
im Fleische der Sünde, sondern nur ähnlich dem Fleische der Sünde; war etwa so auch Stephanus? Er
wurde ebenso geboren, wie du, daher geboren, woher
auch du, durch denselben wiedergeboren, durch welchen
auch du, er vermochte soviel, als du vermagst. Ein Preis
ist für uns gegeben worden. Das Evangelium ist dieser Preis, wodurch wir alle erkauft sind; wo also du,

da iſt auch er. Weil wir Knechte ſind, iſt es ein Preis, weil wir Söhne ſind, iſt es ein Bündniß. Ihn, deinen Mitknecht betrachte alſo.

Es iſt zuviel für dich, da du ſchwache Augen haſt, in die Sonne zu ſchauen; ſiehe alſo in das angezündete Licht. Denn der Herr ſagte zu ſeinen Schülern: „Niemand zündet ein Licht an, um es unter den Metzen zu ſtellen, ſondern auf den Leuchter, damit es allein im Hauſe leuchte."[1] Das Haus iſt die Welt, der Leuchter iſt das Kreuz Chriſti, das Licht, welches auf dem Leuchter leuchtet, iſt Chriſtus am Krenze. Auf dem Leuchter leuchtet aber auch jener, welcher die Kleider derer, die zuerſt geſteiniget wurden, bewahrte, der aus dem Saulus ein Paulus, aus dem Wolfe ein Lamm, früher klein, dann groß, früher ein Räuber der Lämmer, dann ein Hirt der Lämmer geworden iſt. Auf dem Leuchter leuchtete er, da er ſagte: „Von mir aber ſey es ferne, daß ich meinen Ruhm anderswo ſuche, als in dem Kreuze unſers Herrn Jeſu Chriſti, durch welchen mir die Welt gekreuzigt iſt, und ich der Welt.[2] So ſoll auch, ſagt der Heiland, euer Licht vor den Menſchen leuchten."[3] Siehe es leuchtet das Licht des Stephanus, es leuchtet jene Leuchte; ſeyen wir aufmerkſam auf ſie. Niemand ſage, es iſt zu viel,

---

1 Matth. 5, 15.
2 Gal. 6, 14.
5 Matth. 5, 16.

für mich: Ein Mensch war er, ein Mensch bist du. Aber er empfing es nicht von sich. Oder empfing er es, und verschloß es dir? Es ist eine gemeinschaftliche Quelle, trinke woraus er trank. Durch eine Wohlthat Gottes empfing er es; er der es gab, hat Ueberfluß; bitte auch du, und du wirst empfangen.

Der Herr tadelte bitter und herb die Juden, aber indem er sie liebte: „Wehe euch!" sagte er, ihr Schriftgelehrte und Pharisäer! ihr Heuchler."[1] Wer würde nicht gesagt haben, daß er sie haßte, indem er dieses sagte? Er kam ans Kreuz und sagte: „Vater verzeih' ihnen, weil sie nicht wissen, was sie thun."[2] So tadelte sie früher auch Stephanus in seiner Rede: „Ihr Halsstörrigen und Unbeschnittenen an Herzen und Ohren."[3] Die Worte des heiligen Stephanus, als er die Juden anredete, sind folgende: „Ihr Halsstörrigen und Unbeschnittenen an Herzen und Ohren! ihr widerstrebet immerdar dem heiligen Geiste, wie unsre Väter. Wo war je ein Prophet, den unsere Väter nicht getödtet haben?" Indem er dieses sagt, scheint er zu haßen, ja zu wüthen. Die Zunge ruft, das Herz liebt. Wir haben die rufende Zunge gehört; wir wollen auch seiner liebenden Seele Beifall geben. Denn als sie zu den Steinen ge-

---

1 Matth. 23, 13.
2 Luc. 23, 34.
3 Apostelgesch. 7, 51.

laufen waren, die Härte zu den Härten, da warfen
sie auf ihn gleiche, wie sie selbst waren. Mit Felsen
wurde der gesteinigt, der für den Felsen starb, der
Felsen aber, wie der Apostel sagt, war Christus.¹
Und da er so große Standhaftigkeit im Lehren hatte,
so sehet, wie er sich in Ertragung des Todes bewiesen
hat. Denn sie zerschmetterten mit Steinwürfen seinen
Körper, und er betete für seine Feinde, sie schlugen
den äußern Menschen nieder, und der innere flehete.
Aber der Herr, der ihn gegürtet, der ihn gestärket,
der ihm ein Zeichen nicht in die Hand, sondern auf die Stirne gelegt hatte, sah ihn von oben
herab, wie er kämpfte, um ihm im Kampfe zu helfen,
den Sieger zu krönen. Endlich zeigt er sich ihm. „Denn
sieh, sagt er, ich sehe die Himmel offen und
den Menschen=Sohn zur Rechten Gottes stehen.“² Er sah ihn allein, weil sich jener ihm allein
zeigte. Und was sagt er für sich? „Herr Jesus,
nimm meinen Geist auf!³ Als er für sich betete,
stand er, als er für jene betete, beugte er sein Knie;
für sich aufrecht, für jene gebeugt; für sich erhaben,
für jene demüthig. Er beugte das Knie, und sagte:
„Herr rechne ihnen dieses nicht zur Sünde an.“
Und als er dieses gesagt hatte, entschlief er. O Schlaf
des Friedens! Wie mag der, welcher unter den Stei-

---

1 1 Kor. 10, 4.
2 Apostelgesch. 7, 55.
5 Daselbst. 58, u. 50.

nen seiner Feinde entschlief, unter seiner Asche wachen?
Er entschlief ruhig und sanft in Friede, nachdem er seinen Geist dem Herrn empfohlen hatte. —

Beda der Ehrwürdige.

Die Chronika.

Über

das Leben

des

heil. Beda des Ehrwürdigen.

Das Vaterland des heil. Beda ist England, wo er im Jahre 672 in einem Dorfe Namens Jarrow an dem Ufer der Tine geboren wurde. Hier errichtete der heil. Abt Benedikt, der schon 673 die Abtei des heil. Petrus zu Weremouth gegründet hatte, 680 eine zweite Abtei des heil. Paulus, und wußte beide in solcher Eintracht zu verbinden, daß sie oft unter der Leitung eines einzigen Abtes standen und mit dem gemeinschaftlichen Namen des Klosters von St. Peter und Paul bezeichnet wurden. In diesen beiden Klöstern wuchs Beda von seinem siebenten Jahre an auf, genoß unter der Leitung jenes Abtes eine gute Erziehung, un

brachte sein ganzes Leben in demselben zu. Im neun-
zehnten Jahre seines Alters wurde er zum Diakonen,
und im dreißigsten zum Priester geweiht. Das Studium
der heiligen Schriften war ihm, sobald er sich die noth-
wendigen Vorkenntnisse dazu erworben hatte, die liebste
Beschäftigung. Dabei entzog er sich aber nicht den
Handarbeiten, welche die Mönche nach dem Beispiele
des heil. Benedikt's verrichteten. Durch seine besondere
Neigung zu wissenschaftlichen Arbeiten, und durch seinen tiefen Ernst und feine kindliche Frömmigkeit wurde er bald als ein Mann kenntlich, der besonders geeig-
net sey, ihrer zahlreichen Schule vorzustehen, und den
Unterricht den Mönchen zu geben, deren Anzahl sich auf
sechshundert belief.

In diesem Wirkungskreise zeigte er eine solche
Gelehrsamkeit, und eine so erhabne Würde, daß sein
Ruf nicht allein in alle Theile Englands, sondern bis
nach Rom hindrang, und den Papst Sergius veranlaß-
te; ihn auf eine sehr ehrenvolle Weise einzuladen, nach
Rom zu kommen; damit er ihn sehe und ihn über wich-
tige Angelegenheiten um Rath fragen könne. Beda
ging aber, wahrscheinlich durch den baldigen Tod des
Papstes gehindert, nicht nach Rom, sondern blieb in
seinem Kloster in ungestörter Thätigkeit, und erhielt oft
Besuche von den größten Männern Britanniens, unter
Andern auch von dem frommen Könige Ceolwulph.
Aus seiner Schule sollen viele durch Gelehrsamkeit,
Frömmigkeit und Würde gleich ausgezeichnete Bischöfe
hervorgegangen seyn. Auch wird der gelehrte Alkuin
unter seine Schüler gezählt.

Beda starb im Jahre 735 in seinem zwei und

sechzigsten Lebensjahre am Tage der Himmelfahrt des
Herrn." Die Benennung Ehrwürdig (venerabilis) wur-
de ihm früh beigelegt, so wie er auch früh unter die
Zahl der Heiligen aufgenommen wurde. Das zweite
Concilium von Aachen, das 836 gehalten worden, nennt
Beda, den ehrwürdigen und wunderbaren Leh-
rer der letzten Zeiten.

Beda versuchte sich mit gutem Erfolge in allen
Fächern der Wissenschaft. Er schrieb über Philosophie,
Astronomie, Arithmetik, Grammatik, Kirchengeschichte
und andere Gegenstände. Die Andachtsbücher machen
jedoch den größten Theil seiner Schriften aus. Eigent-
licher Schmuck der Redekunst ist in seinen Werken nicht
zu finden, dafür belohnt aber die größte Gedrängtheit
und Klarheit. Liebenswürdige Einfalt mit einem Aus-
drucke der Offenheit, der Frömmigkeit und des Eifers
für alles Tiefe und Schöne erfreuen überall den Leser.
In seinen Schriftauslegungen folgt er sehr häufig den
ältern Vätern, dem Augustin, Ambrosius, Hieronymus,
Basilius u. a. sucht diese oft abzukürzen, oft in eine
bessere Ordnung zu bringen.

Die Schriften des ehrwürdigen Mannes sind im J.
1563 zu Basel in acht Foliobänden in folgender Ordnung herausgegeben worden:

Tom. I.

1) Cunabula grammaticae artis Donati a Beda resti-
   tuta liber.

2) De octo partibus orationis libellus.

3) De arte poetica ad Uvigerbum levitam.

4) De schematis scripturae divinae.

5) De tropis sacrae scripturae.

6) De orthographia. — 7) De arithmeticis numeris.

8) De divisionibus temporum.

9) De arithmeticis propositionibus.

10) De ratione calculi. — 11) De numerorum divisione.

12) De loquela per gestum digitorum et temporum ratione. — 13) De argumentis lunae.

14) Computus vulgaris, qui dicitur ephemeris.

15) De embolismorum ratione computus.

16) Decennovales circuli.

17) De mundi coelestis terrestrisque constitutione.

18) Musica theorica.

19) Musica quadrata seu mensurata.

20) De circulis sphaerae et polo.

21) De planetarum et signorum ratione, de stellis.

22) De tonitruis ad Herenfridum.

23) Prognostica temporum.

24) De mensura horologii — 25) De astrolabio.

26) De nativitate infantium.

27) De minutione sanguinis.

28) De septem mundi miraculis. — 29) Hymni.

30) De ratione compoti. — 31) Manfredi carmina.

Tom. II.

1) De rerum natura. — 2) De temporum ratione.

3) De sex aetatibus mundi sive chronicon.

4) De temporibus hujus saeculi.

5) Autoritatum generalium aliquot philosophorum tabula, cum comentario incerti autoris:

    a) sententiae ex Aristotele, b) sententiae ex Cicerone.

6) Proverbiorum liber. — 7) De Substantiis.

8) Elementorum philosophiae libb. 4.

9) De paschae celebratione liber sive de aequinoctio vernali juxta Anatholium epistola ad Wichredae presbyterum.

10) De divinatione mortis et vitae Petosyris ad Nicepsum regem Aegypti epistola.

11) Similitudo arcae. — 12) De linguis gentium.

15) De Sybillinorum oraculis.

Tom. III.

1) Ecclesiasticae historiae gentis Anglorum libb. 5.

2) Epitome sive breviarium totius praecedentis historiae Anglorum.

5) Cuthberti episcopi et confessoris vita.

4) S. Vedasti pontificis vita.

5) S. Columbani abbatis vita.

6) Beati Patricii primi praedicatoris et episcopi totius Britanniae vita et actus libb. 2.

7) S. Eustasii abbatis vita.

8) Sanctissimi viri Bertolfi abbatis Bobiensis coenobii vita et transitus.

9) S. Arnolfi episcopi vita.

10) S. Burgundoforae abbatissae vita.

11) Sanctissimi et beatissimi Justini martyris passio (hymnus).

12) Martyrologium.

13) De locis sanctis, libellus, quem de opusculis majorum abbreviando Beda composuit.

12

14) Bedae interpretationes nominum hebraïcorum (ein onomaſtiſches Lexicon).

15) Excerptiones patrum, collectanea, flores ex diversis, quaestiones et parabolae.

Tom. IV.

(Seine Commentare in die heil. Schrift ſind ſehr ſchätz⸗ bar.)

1) Hexaemeron. — 2) Expositio in Genesin;

3) in Exodum; 4) in Leveticum; 5) in Numeros;

6) in Deuteronomium;

7) In Samuelem prophetam, id est, librum, alegorica expositio libb. 4.

8) In libros regum quaestionum 3o liber. —

9) In Ezram et Neemiam prophetas, allegorica expositio libb. 3.

10) In librum Tobiae, allegorica expositio. —

11) In Job. libb. 3 ad Nectarium.

12) Super parabolas Salamonis libb. 3.

13) In cantica canticorum contra Julianum libb. 7.

14) De tabernaculo et visis ejus ac vestibus sacerdotum libb. 3.

Tom. V.

1) Expositio in Matthaeum; 2) in Marcum;

3) in Lucam; 4) in Joannem; 5) in Act. Apost;

6) in ep. Jac.; 7) in epp. Petr.; 8) in ep. Jud;

9) in Apocal.

Tom. VI.

1) Retractiones in Act. Apost.

2) In omnes epp. Pauli Apost.

3) Liber s. Chrysostomi de laudibus s. Pauli Apostoli homm. 7.

4) Ep. Gaufridi Boussardi, Cenomani theologorum ad clarissimum virum Petrum... 7

Tom. VII.

1) Homiliae aestivales de tempore 33.

2) Homiliae aestivales de sanctis 32.

3) Homiliae hyemales de tempore 15.

4) Homiliae quadragesimales 22.

5) Homiliae hyemales de sanctis 16.

6) Sermones ad. populum varii. .. ..

7) Scintillae sive loci communes.

8) De muliere forti libellus. — De officiis libellus.

10) Fragmenta quaedam in libros sapientiales et psal terii versus aliquot.

Tom. VIII.

1) De templo Salomonis.

2) De sex dierum creatione.

3) Quaestiones super Gen. — Exod. — Levit. — Num. — Deut. — Jesu Nave — Jud. — Ruth — libb. 4 Regnm.

4) Quaestionum variarum liber.

5) In Psalmorum librum commentaria.

6) Vocabulorum psalterii expositio idem de diapsalmate collectio.

7) Sermo de eo, quod in Psalmis legitur: Dominus de coelo prospexit.

8) In Boethii librum de Trinitate.

9) De septem verbis Christi oratio.

12*

10) Meditationos - passionis Christi · per septem. diei horas.

11) De remediis peccatorum.

12) Vita veuerabilis Bedae. — 13) Obitus ejus.

Rede

des

heil. Beda des Ehrwürdigen

am Gedächtniß = Tage des heiligen Apostels und
Evangelisten Johannes.

Evangel. Joh. 21, 19—24.

Der Abschnitt aus dem heiligen Evangelio, meine Brüder, welcher uns vorgelesen worden, verdient von uns
Wort für Wort mit desto größerer Aufmerksamkeit be-
trachtet zu werden, je mehr das Ganze von der Süßigkeit himmlischer Annehmlichkeit überströmet. Denn der selige Evangelist und Apostel Johannes empfiehlt uns das
Vorrecht einer ganz besondern Liebe, wodurch er
vor andern vom Herrn ausgezeichnet zu werden
verdiente; er empfiehlt das Zeugniß der evangelischen Erzählung, welches auf göttliche Wahrheit ge-
stützt, kein Gläubiger bezweifeln darf; er empfiehlt die

sanfte Auflösung seines Fleisches, die er erfuhr, als der Herr sich ihm besonders nahte. Damit wir aber die tiefen Lehren dieses herrlichen Abschnittes gründlich zu betrachten im Stande sind, wollen wir auf das Vorhergehende noch ein wenig aufmerksam seyn.

Es erschien der Herr nach seiner Auferstehung sieben von seinen Jüngern, worunter Petrus und Johannes waren, welchen er, nachdem sie die ganze Nacht vergeblich mit Fischen zugebracht hatten, am Ufer stehend das Netz mit einer großen Menge Fische anfüllte, und welche er, nachdem sie an's Land getreten, zum Essen einlud. Während des Essens fragte er den Petrus dreimal: ob er ihn liebe? und, als dieser ihm dreimal seine Liebe bekannte, wie er ihn dreimal verläugnet hatte, trug er ihm dreimal auf, seine Schafe zu weiden. Und da er nun wußte, daß er durch die Sorge für diese Schafe, das heißt, der glaubigen Seelen, zum Märtyrerthume des Kreuzes gelangen würde, sprach er dieses andeutend: „Wahrlich wahrlich, ich sage dir, da du jünger warst, gürtetest du dich selbst, und wandeltest, wohin du wolltest; wenn du aber alt geworden, wirst du deine Hände ausstrecken, und ein anderer wird dich gürten, und führen, wohin du nicht willst."[1] Durch das Ausstrecken der Hände wollte er andeuten, daß er die Märtyrer-Krone des Kreuzes-Todes erlangen würde; durch das Gürten von einem andern, daß ihn seine Verfolger binden würden, durch das Führen

---

1 Joh. 21, 18.

wohin er nicht wollte, daß er die Leidens-Qua-
len aus menschlicher Schwachheit wider seinen Willen erdulden würde. Damit aber dem Petrus die vom Herrn
angekündigte Kreuzigung nicht zu hart vorkommen, und
damit er die Qualen des Märtyrerthums desto leichter
ertragen möchte, wenn er sich erinnere, daß ihn ein
gleiches Todesurtheil treffe, wie seinen Erlöser, so sucht
er ihn durch sein Beispiel zu beruhigen. Denn nachdem er ihm angedeutet, mit welchem Tode er Gott ver-
herrlichen werde, fügt er zugleich die Worte hinzu, die
wir bei der Vorlesung dieses Kapitels vernommen haben
„Und er sprach zu ihm, folge mir nach"!
Damit wollte er sagen: da ich selbst zuerst für deine
Erlösung die Strafe des Kreuzes zu erdulden mich nicht
gescheuet; warum willst du für das Bekenntniß meines
Namens das Kreuz zu dulden dich scheuen? Deine
Märtyrer-Palme wird desto ruhmvoller für dich werden,
je mehr du, um dieselbe zu verdienen, der Bahn des
Meisters folgest. Darauf fügt der Evangelist nicht hinzu, was der Herr und die Jünger nach diesen Worten
gethan haben; allein man kann es aus dem schließen,
was er folgen läßt: „Petrus aber wandte sich
um, und sah' den Jünger folgen, welchen Jesus lieb hatte." Es erhellet nämlich, daß er, nachdem er zu Petrus gesagt hätte: Folge mir nach!
d. h werde mir in Ertragung des Kreuzes ähnlich,
von dem Orte, wo sie gegessen hatten, aufstand und
sich wegbegab. Petrus aber folgte auf dem Fuße, um
zu erfüllen, was er gehört hatte: „Folge mir nach."
Es folgte auch der Jünger, welchen Jesus lieb hatte.

Denn er wollte sich von der Nachfolge Christi nicht abhalten lassen, da er wußte, daß ihn dieser mit der zärtlichsten Liebe umfaßte. Es ist nicht unglaublich, daß deswegen beide Jünger dem Herrn auf dem Fuße nachfolgten, weil sie noch nicht recht eingesehen hatten, was das bedeute, daß er den Petrus geheißen hatte, ihm zu folgen.

Ich weiß, daß es eurer Bruderliebe wohl bekannt ist, wer der Jünger sey, den Jesus lieb hatte. Johannes ist es, dessen Geburts = Fest wir heute feiern, und der seine Person, mehr durch zufällige Umstände, als durch seinen eignen Namen bezeichnen wollte. Es liebte ihn Jesus aber nicht allein mit Ausschluß der übrigen, sondern er war unter den andern, die er liebte, vertraulicher gegen den, den er seiner vorzüglichen Keuschheit wegen seiner besondern und stärkern Liebe würdig hielt. Denn daß er alle liebte, beweisen die vor seinem Tode gesprochenen Worte: „Gleich wie mich mein Vater liebet, also liebe ich auch euch. Bleibet in meiner Liebe. [1] Diesen aber liebte er vor allen, der ihm als Jungfrau erwählt, stets Jungfrau blieb. Denn die geschichtlichen Überlieferungen melden, daß Jesus ihn von der Hochzeit, als er sich verheirathen wollte, berufen, und ihm, weil er sich von fleischlicher Lust hatte losreißen lassen, seiner Liebe ganze Süßigkeit geschenkt habe. Ihm empfahl er auch am Kreuze sterbend seine Mutter, damit eine Jungfrau die Jungfrau erhalten und nach seinem Tode, Auferstehung und Himmelfahrt die

_____

1 Joh. 15, 9.

Mutter nicht ohne Sohn, und ihr keusches Leben nicht
ohne keuschen Gehorsam seyn möchte. Der selige Johannes fügt auch noch ein anderes Kennzeichen seiner
Person hinzu, wenn er sagt: „Der auch beim Abend-
essen an seiner Brust lag und zu ihm sprach:
Herr, wer ist's, der dich verräth." Wie das sich
zugetragen, zeigen die vorhergehenden Stellen des Evan-
geliums. Bei dem Abendmahle nämlich, welches der
Heiland vor seinem letzten Leiden mit seinen Jüngern
hielt, wobei er ihnen die Füße wusch, und ihnen das
Geheimniß seines Leibes und Blutes zu feiern übertrug,
lag der Jünger, welchen er lieb hatte, an seiner Brust.
Und als er zu ihnen sagte: „Wahrlich, wahrlich
ich sage euch, einer unter euch wird mich
verrathen:"[1] da antwortete dieser Jünger, als
ihm Petrus gewinkt hatte, daß er ihn fragen möchte,
und sprach: „Herr wer ist's"? Worauf der Herr
erwiederte: „Der ist's, dem ich den Bissen ein-
tauche und gebe."[2]

Daß aber der Jünger an der Brust des Herrn lag,
war nicht nur ein Zeichen der jetzigen Liebe, sondern
auch des zukünftigen Geheimnisses. Denn es wurde
schon jetzt angedeutet, daß das Evangelium, welches
dieser Jünger schreiben sollte, die Geheimnisse der göttlichen Majestät reichhaltiger und tiefer, als die übrigen
Blätter der heiligen Schrift, darstellen würde. Denn
da in der Brust Jesu alle Schätze der Weisheit und der
Erkenntniß verborgen sind, so ruhte mit Recht der an

---

1 Joh. 13, 21.
2 Joh. 18, 26.

seiner Brust, den er vor andern mit dem größern Geschenke besonderer Weisheit und Erkenntniß beglücken
wollte. Wir wissen nämlich, daß die übrigen Evangelisten zwar viel über die Wunder des Heilandes, weniger aber über seine Gottheit sagen. Johannes aber
schrieb sehr wenig von den menschlichen Handlungen
Jesu, sondern beschäftiget sich vielmehr mit Darlegung
des Geheimnisses seiner göttlichen Natur, wodurch er
deutlich zu verstehen gibt, welche Ströme der himmlischen Lehre, womit er uns tränket, er aus der Brust
Jesu geschöpft habe.

Es folgen im Text die Worte: „Da Petrus
diesen sah, spricht er zu Jesu: Herr, was
soll aber dieser?" Weil der selige Petrus vernommen hatte, daß er durch Kreuzes=Tod Gott preisen
solle, so wollte er auch wissen, durch welchen Tod sein
Bruder und Mitjünger zum ewigen Leben eingehen werde?

„Jesus spricht zu ihm: So ich will, daß
er bleibe bis ich komme, was geht es dich
an? Folge du mir nach!" Er will sagen: Ich
will nicht, daß er den Märtyrer=Tod erleide, sondern
ohne gewaltsame Verfolgung, den jüngsten Tag erwarte,
wo ich selbst kommen, und ihn in die Wohnung der ewigen Seligkeit aufnehmen werde. Und was gehet das
dich an? Du hast blos daran zu denken, wie du in Ertragung des Kreuzes meinen Fußstapfen nachfolgest. Und
diese Antwort des Herrn verstanden damals die Brüder
so, daß Johannes niemals sterben werde. Daß dies aber
nicht so zu verstehen sey, wollte Johannes selbst anzei-
gen; denn nachdem er gemeldet, daß unter den Brü-

dern die Rede:gegangen: „Dieſer Jünger ſterbe
nicht", ſetzt er ſorgſam hinzu: „Und Jeſus ſprach
nicht zu ihm: Er ſtirbt nicht, ſondern: So ich
will, daß er bleibe, bis ich komme, was gehet
es dich an?" Man darf alſo nicht glauben, daß dieſer
Jünger körperlich nicht geſtorben ſey, weil der Herr dies
nicht angekündigt hat, und weil der Pſalmiſt ſaget:
„Wo iſt jemand, der da lebet und den Tod
nicht ſehe?" [1] ſondern man muß es vielmehr ſo ver-
ſtehen, daß er, wenn die übrigen Jünger Jeſu durch
Leiden vollendet worden, im Frieden der Kirche ſeinen
Ruf erwarten ſollte. Das will der Herr ſagen, wenn
er ſpricht: „Ich will, daß er bleibe, bis ich
komme"; nicht daß er viele Mühſeligkeiten und Gefahren für den Herrn erdulden, ſondern daß er ſein
Greiſen-Alter in Frieden vollenden ſollte, nachdem die
Kirchen in Aſien, deſſen Vorſteher er war, ſchon lange
und weit umher begründet wären. In der Apoſtelge-
ſchichte findet man ihn unter den übrigen Apoſteln, welche
gegeißelt wurden, und fröhlich aus des hohen Rathes
Angeſicht gingen, weil ſie würdig geweſen waren, um
des Namens Jeſu willen Schmach zu leiden. Als er
vom Kaiſer Domitianus in ein Faß ſiedenden Öhls ge-
worfen wurde, ging er, wie die Kirchengeſchichte erzählt, unverſehrt aus demſelben hervor, da er durch die
göttliche Gnade eben ſo geſchützt ward, als er vor dem
Verderben fleiſchlicher Luſt ſicher war. Bald darauf ward
er, wegen ſeiner unbeſiegbaren Beharrlichkeit beim Evangelium, von demſelben Fürſten auf die Inſel Pathmos
verbannt, wo er zwar von menſchlichem Troſte verlaſ-

sen war, aber dafür des Trostes der göttlichen Erscheinung und Mittheilung gewürdiget wurde. Hier schrieb er
mit eigner Hand die Offenbarung, worin ihm der Herr
sowohl den gegenwärtigen als zukünftigen Zustand der
Kirche enthüllte. Hieraus ergiebt sich, daß die Versi-
cherung, daß er bleiben sollte, bis der Herr kommt, nicht
darauf gehe, daß er ohne Kampf und Mühe in der Welt
leben, sondern, daß er ohne Leiden und Schmerz aus
der Welt gehen werde. Denn wir finden in den Schriften der Väter, daß er im hohen Alter, als er den Tag
seines Abschiedes herannahen fühlte, seine Schüler zu-
sammenrief, und ihnen, nachdem er sie nochmals ermahnt
und die heilige Messe gefeiert, das letzte Lebewohl zu-
rief. Als er hierauf in das aufgeworfene Grab gestie-
gen war, ward er, nachdem er gebetet, zu seinen Vätern beigesetzt, eben so frei von Schmerzen des Todes,
als entfernt vom Verderben des Fleisches. Und so ging
der wahrhafte Ausspruch des Heilandes: er wolle, daß
er bis zu seiner Ankunft bleibe, in Erfüllung.

Wir können aber, was dem Petrus und Johannes
vom Herrn verkündiget wurde und was ihnen begegnete,
mystisch von dem doppelten Leben der Kirche, wie sie
es jetzt übt, von dem thätigen und beschaulichen verstehen. Das thätige Leben ist die gewöhnliche Art, wie
das Volk Gottes lebet. Zu dem beschaulichen aber er-
heben sich nur Wenige nach der Auferstehung von einem
frommen Wandel. Das thätige Leben nämlich bestehet
darin, daß ein eifriger Diener Christi vorerst sich recht-
schaffen bemühe, sich unbefleckt von der Welt zu bewah-
ren, und Sinn, Hand, Zunge und die übrigen Glied-

maßen von jeder Verunreinigung und Schuld rein zu er,
halten, und sich immer dem göttlichen Dienste zu wei,
hen; sodann aber, nach Kräften, den Bedürfnissen sei,
nes Nächsten abzuhelfen trachte; dem Hungrigen Speise,
dem Durstenden Trank, dem Frierenden Kleidung dar,
reiche, den Dürftigen und Vertriebenen in seine Woh,
nung aufnehme, den Kranken besuche, den Todten be,
grabe, den Unterdrückten aus der Hand des Unterdrük,
kers befreie, den Armen und Nothleidenden vertheidige;
überdies dem Verirrten den Weg der Wahrheit zeige,
und sich jeder andern Pflicht der Bruder=Liebe unter,
ziehe; auch überdies bis an den Tod für die gerechte
Sache kämpfe.

Das beschauliche (contemplative) Leben aber
bestehet darin, daß jemand, nachdem er durch lange
Übung eines guten Wandels belehrt, durch die Süßig,
keit des täglichen Gebets unterrichtet, und durch häufige
tränenvolle Reue geübt worden, gelernt hat, sich von
allen weltlichen Geschäften loszureißen und das Auge
seines Geistes bloß auf die Liebe zu richten; wenn er
schon in dem gegenwärtigen Leben von heftigem Ver,
langen getrieben wird, von der Freude der ewigen Se,
ligkeit, die er dort erlangen soll, einen Vorschmack zu
erhalten, und, so weit es den Sterblichen vergönnt ist,
in der Geistes=Beschauung sich empor zu schwingen.
Dieses Leben der göttlichen Beschauung nimmt haupt,
sächlich diejenigen auf, die, nach langer Übung der Klo,
ster=Tugend, sich gewöhnt haben, von den Menschen ab,
gesondert zu leben, um desto mehr ihren freien Sinn
auf die Betrachtung des Himmlischen zu richten, je mehr

se sich vom Geräusche des Irdischen entfernt haben. Das thätige Leben wird nicht allein den im Kloster lebenden Mönchen, sondern auch, wie schon gesagt, dem ganzen Volke Gottes überhaupt vorgeschrieben.

Obgleich beide Apostel, Petrus und Johannes, nach der ihnen verliehenen hohen Gnade, in jeder Art des Lebens vollkommen waren, so wird doch die eine Art des Lebens hauptsächlich durch Petrus, die andere aber durch Johannes bezeichnet. Denn, wenn der Herr zu Petrus spricht: „Du wirst die Hände ausstrecken, und ein anderer wird dich gürten, und führen wohin du nicht willst", so drückt dies die Vollkommenheit des thätigen Zusammenlebens aus, welches durch das Feuer der Versuchung bewährt zu werden pflegt. Weßhalb er auch an einem andern Orte spricht: „Selig sind, die Verfolgung erleiden um der Gerechtigkeit willen"! Er fügt aber mit Recht hinzu: Folget mir nach! Nach dem eigenen Ausspruche Petri.[1] hat Christus für uns gelitten und uns ein Vorbild hinterlassen, daß wir seinen Fußstapfen nachfolgen sollen.

Wenn er dagegen zum Johannes spricht: „So ich will, daß er bleibe, bis ich komme", so deutet er damit auf den Zustand der beschaulichen Tugend, die nicht, wie die thätige, mit dem Tode aufhört, sondern durch den Tod, wenn der Herr kömmt, erst recht vollkommen wird. Die thätige Arbeit hört mit dem Tode auf, und empfängt nach demselben ihren ewi-

---

1 1 Petr. 8, 21.

gen Lohn. Denn wer giebt wohl Brod dem Hungrigen in jenem Leben, wo niemand hungert? Wer Wasser dem Durstenden, wo niemand durstet? Wer begräbt einen Todten, wo das Land der Lebendigen ist? Wer übt andere Werke der Barmherzigkeit, wo keiner der Barmherzigkeit bedarf? Hier giebt es also keine Arbeit für die Thätigkeit, sondern bloß ewigen Lohn für die vollendete Thätigkeit. Die beschauliche Glückseligkeit aber, welche hier beginnt, wird dort ohne Aufhören vollendet, wenn wir, in der Gegenwart der oberen Bürger und des Herrn, nicht mehr, wie jetzt, durch einen Spiegel und im Bilde, sondern von Angesicht zu Angesicht schauen werden. Daher redet der Herr passend davon unter dem Vorbilde des Jüngers, den er lieb hatte und der an seiner Brust lag, wenn er sagt: „So ich will, daß er bleibe, bis ich komme". Das will so viel sagen: Ich will nicht, daß der Vorschmack der beschaulichen Annehmlichkeit, die ich an meinen Heiligen, welche dem Schutze meiner Flügel anvertrauen und von dem Überflusse meines Hauses trunken sind, liebe, auf dieselbe Weise, wie das thätige Handeln, mit dem Leben aufhöre, sondern daß er nach dem Tode, wenn ich in meiner Erhabenheit komme und sie zu meiner Herrlichkeit führe, erst recht vollkommen werde.

Es folgen die Worte: „Dieß ist der Jünger, der von diesen Dingen zeuget und dieß geschrieben hat. Und wir wissen, daß sein Zeugniß wahrhaftig ist". Hier bezeichnet der selige Johannes seine Person durch das Amt, ohne seinen Namen zu nennen. Man darf die Worte: der von seinen

Dingen Zeuget und geschrieben hat, nicht bloß
flüchtig betrachten. Er gab nämlich Zeugniß davon durch
den Vortrag des göttlichen Wortes; er gab Zeugniß
durch Schreiben, er gab Zeugniß durch Lehren dessen,
was er geschrieben hatte; er giebt auch noch jetzt Zeugniß durch das Evangelium, welches er zum Lesen in
der Kirche geschrieben hat. Er predigte das Wort Gottes, ohne irgend einen schriftlichen Aufsatz, über die
Zeit des Leidens, der Auferstehung und Himmelfahrt des
Herrn an, bis zu den letzten Zeiten der Regierung Do-
mitians fast fünf und sechzig Jahre hindurch. Als er
aber vom Domitianus, welcher nach Nero der zweite
Christen-Verfolger war, in's Exil geschickt ward, da
begannen die Häretiker, welche, wie Wölfe in die von
dem Hirten verlassenen Schafställe, in die Kirche ein-
brachen, nämlich Marcion, Cerinthus und Hebion
und die übrigen Anti-Christen, welche läugnen,
daß Christus vor der Maria gewesen sey, die Ein-
fachheit des evangelischen Glaubens durch verkehrte Lehre
zu beflecken. Nach dem Tode Domitian's, als ihm der
fromme Kaiser Nerva die Erlaubniß zur Rückkehr nach
Ephesus ertheilt hatte, ward er fast von allen Bischöfen
Asien's und vielen Abgeordneten der Gemeinen angetrie-
ben, über die dem Vater gleiche Gottheit Christi eine
höhere Schrift zu verfassen, indem in den Schriften der
drei Evangelisten, Matthäus, Marcus und Lukas,
über die menschliche Natur und die Thaten Jesu als
Mensch hinlängliche Zeugnisse gegeben wären. Er aber
gab zur Antwort, daß er es unter keiner andern Bedin-
gung thun werde, als wenn sie ein Fasten ansagten, und

ben Herrn in der Gemeine anflehten, damit er dieses Werk würdig vollenden möge. Nachdem dies geschehen war, verscheuchte er, durch Offenbarung belehrt und durch die Gnade des heiligen Geistes begeistert, alle Finsterniß der Häretiker mit dem Lichte der plötzlich enthüllten Wahrheit. „Im Anfange, so sprach er, war das Wort, und das Wort war bei Gott und Gott war das Wort". [1] Und diesem Anfange entsprach der ganze Umfang seiner Schrift, worin er unsern Herrn Jesus Christus als wahren Men=schen, in der Zeit vom Menschen wahrhaft gebildet, aber auch als wahren Gott, von Ewigkeit aus Gott, dem Vater, wahrhaft geboren, und mit dem Vater und dem heiligen Geiste immer zugleich wahrhaft vorhanden, durch die deutlichste Belehrung schildert, und worin er, wie es keinem andern Sterblichen vergönnt war, alle Geheimnisse der göttlichen Wahrheit und der wahren Göttlichkeit aufschloß. Und dieses Vorrecht ward seiner Jungfrauschaft mit Recht vorbehalten, daß er zur Erfor=schung des Geheimnisses des unvergänglichen Wortes, nicht nur ein unbeflecktes Herz, sondern auch einen un=befleckten Körper besaß. Damit niemand an der Wahr=heit seiner Aussprüche zweifeln und darüber in Unge=wißheit seyn möchte, setzte er selbst hinzu: „Dies ist derselbe Jünger, der dies bezeugt und dies ge=schrieben hat; und wir wissen, daß sein Zeug=niß wahr ist."

Da nun auch wir mit allen Gläubigen wissen, daß

---

1 Joh. 1, 1.

sein Zeugniß wahr sey, so wollen wir Sorge tragen, daß wir im wahren Glauben alles richtig verstehen, und durch Rechtthun ausüben, damit wir zu den ewigen Gaben, welche er verheißen, gelangen mögen, durch unsern Herrn Jesum Christum, welcher lebet und regieret mit dem Vater in Einigkeit des heiligen Geistes von Ewigkeit zu Ewigkeit. Amen!

Bernhard von Clairvaux.

Bernhard von Clairvaux.

Rede

des

heil. Bernhard von Clairvaur

auf die Geburt der unschuldigen Kinder.

Evang. Matth. 2, 13—18.

Von den vier Feierlichkeiten, welche auf einander folgen, der Geburt des Herrn, dem Feste des heiligen Stephanus, Johannes und der unschuldigen Kinder.

„Gebenedeit sey der da kommt im Namen des Herrn, unser Gott und Herr, der uns erleuchtet hat." [1] Gebenedeit sey der heilige Name seiner Herrlichkeit. Denn nicht vergeblich erschien das Hochheilige, das aus Maria geboren ward, sondern in reicher Fülle goß sich sein Name, und die Gnade seiner Heiligkeit. Durch ihn ward Stephanus heilig, durch

---

1 Pf. 117, 26—27.

ihn Johannes, durch ihn die unschuldigen Kinder. In heilsamer Anordnung begleitet demnach die dreifache Feier die heilige Geburt des Herrn; auf daß nicht nur während dieser anhaltenden Feierlichkeiten unsere Andacht fortdauern, sondern auch die Frucht dieser heiligen Geburt aus dieser Folgereihe uns lichtvoller kund werde. Denn in dieser dreifachen Feierlichkeit zeigen sich drei Arten der Heiligkeit, und schwerlich dürften sich außer diesen drei Arten von Heiligen, unter den Menschen noch eine vierte finden lassen.

In dem heiligen Stephanus zeigt sich uns das Verlangen und die Wirklichkeit der Marter; in dem heiligen Johannes das bloße Verlangen, und in den seligen unschuldigen Kindern allein die Wirklichkeit. Sie alle tranken den Kelch des Heiles, und zwar entweder mit dem Geiste und dem Körper zugleich, oder bloß mit dem Geiste, oder endlich bloß mit dem Körper. „Meinen Kelch werdet ihr trinken“ [1] sprach der Herr zu Jakobus und Johannes; und es ist kein Zweifel, daß dies vom Kelche seines Leidens galt. Als endlich der Herr zum Petrus sprach: „Folge mir nach“ und dadurch offenbar ihn aufforderte, in seinem Leiden ihm nachzuahmen: „sah dieser sich umwendend, den Jünger, welchen Jesus lieb hatte, nachfolgen“ [2] nicht sowohl mit körperlichem Schritte, als mit andächtig glühendem Verlangen. Es trank also auch Johannes den Kelch des Heiles, und folgte dem Herrn gleich dem Petrus, wenn auch nicht ganz auf dieselbe Weise wie Pe-

1 Matth. 20, 23.
2 Joh. 21, 20.

trus. "Denn daß er also blieb, ohne dem Herrn in seinen Leiden nachzufolgen; geschah allerdings nach göttlichem Rathschlusse; wie er selbst sagt: "Also will ich, daß er bleibe, bis ich selbst komme." Gleichsam als hätte er sagen wollen: auch er will zwar folgen; doch ich will, daß er also bleibe.

Wer zweifelt aber an den himmlischen Kronen der unschuldigen Kinder? Nur jener zweifele, daß die für Christus ermordeten Kinder nicht mit der Krone der Märtyrer geschmückt wurden, welcher nicht glaubt, daß die in Christo Wiedergebornen als Söhne an Kindesstatt aufgenommen werden. Wie hätte auch sonst jener Knabe, der für, nicht wider uns geboren ward, gestattet, daß seine Altersgenossen um seinetwillen den Tod erlitten, den er durch einen einzigen Wink verhüten konnte, wenn er ihnen nicht höhere Güter bereiten wollte? Er bewirkte, daß, wie den übrigen Kindern damals die Beschneidung, in unsern Tagen aber die Taufe ohne allen Gebrauch des Willens zum Heile hinreichte; so nicht weniger die Marter, welche sie seinetwegen erduldeten, ihnen zur Heiligkeit gereichte. Fragst du, um welcher Verdienste willen sie vor Gott gekrönt wurden, so frage auch bei Herodes, um welcher Verbrechen willen sie gemartert wurden. Ist etwa die Milde Christi geringer als die Ruchlosigkeit des Herodes, daß dieser die Unschuldigen dem Tode hingeben konnte, Christus aber sie, die um seinetwillen diesen Tod erlitten hatten, nicht krönen konnte? — Stephanus sey also ein Märtyrer vor den Menschen, dessen freiwilliges Leiden sich offenbar und besonders darin zeigte, daß er selbst im Augen-

blicke des Todes für seine Verfolger eine größere Be-
sorgniß hegte, als für sich selbst, und daß das innigste
Gefühl des Mitleids, sein eigenes körperliches Leiden so
sehr überwog, daß er mehr über ihre Verbrechen, als
über seine Wunden klagte. — Johannes sey ein Märtyrer vor den Engeln, welchen als geistigen Geschöp-
fen die geistigen Zeichen seiner Andacht offenbar kund
waren. Übrigens sind sie ganz deine Märtyrer, o Gott!
da der Vorzug deiner besondern Gnade um so sichtbarer
in ihnen erscheint, weil weder der Mensch noch der Engel Verdienste in ihnen wahrnimmt. „Aus dem
Munde der Kinder und Säuglinge hast du
vollkommenes Lob dir bereitet."[1] „Ehre sey
Gott in der Höhe, singen die Engel, und Friede
den Menschen, die eines guten Willens sind."[2]
Groß fürwahr ist dies Lob, doch ich wage es zu sagen,
noch ist dasselbe nicht vollkommen, bis jener kommt,
der da spricht: „Lasset die Kleinen zu mir kommen, denn ihnen ist das Himmelreich;"[3] und
Friede den Menschen auch ohne Willens-Gebrauch in
der Heiligung der Liebe:

Dieses mögen jene bedenken, welche in zanksüchti-
gen Streitigkeiten über die Werkthätigkeit und den
freien Willen sich befehden: Bedenken mögen sie und
beachten, daß man da, wo das Vermögen dazu nicht
fehlt, weder das eine noch das andere vernachläßigen
soll; zumal, da schon das eine ohne das andere, (wenn

---

1 Pf. 8, 3.
2 Luk. 2, 24.
3 Matth. 19, 14.

nämlich das Vermögen dazu fehlt, nicht allein Heil,
sondern sogar Heiligkeit erwerben kann. Auch dieses
sollen sie für gewiß halten, daß selbst die Werkthätigkeit, ohne den Willen, nicht aber gegen den Willen,
ersprießlich sey; so daß diejenigen, welche heuchlerisch
zu dem Herrn hinzutreten, eben deshalb gerichtet, weswegen die unschuldigen Kinder geheiliget werden. Nicht
minder genügt auch in Einigen der Wille ohne das Werk,
wenn derselbe nicht gegen das Werk ist. Wird z. B. Jemand in einem guten, doch noch nicht vollkommenen, noch
auch zur Ertragung der Marter fähigen Willen des Lebens beraubt, wer würde es wagen, diesem jener Un-
vollkommenheit wegen das Heil abzusprechen? Denn
vielleicht läßt Gott deshalb es nicht zu, daß eine so
schwere Versuchung über ihn komme, damit er nicht etwa
vom Glauben abfalle und verdammt werde; Und würde
er mit seinem schwachen Willen in eine solche Versuchung geführt, die über sein Vermögen ist, ohne daß sein
Wille gekräftigt würde, wer zweifelt wohl, daß er dann
abfallen, den Glauben verläugnen, und falls er in diesem Zustande sterben sollte, auch verdammt würde?
Denn also spricht der Herr: „Wer sich vor den Menschen meiner schämt, dessen werde ich auch mich
vor den Engeln Gottes schämen.″ [1]

Mit diesem unvollkommnen Willen also, in welchem
ein Mensch, dem das Vermögen zu dem Werke fehlt,
selig werden kann, würde derselbe nicht selig werden
können, wenn er das Werk nicht vollbrächte, oder darin

---

1 Luk. 9, 20.

unterläge." Ja, dasselbe könnte sogar im Falle der Unwissenheit statt finden. Eifern wir daher nach heiliger
Liebe, meine Brüder, und wirken wir gute Werke, indem wir weder die Sünden der Schwachheit noch der
Unwissenheit auf irgend eine Art gering achten. Dan-
ken wir mit größter Sorgfalt und Gottesfurcht unserm
mildesten und freigebigsten Erlöser, daß er in so reichlicher Liebe Gelegenheit zum Heile des Menschen sucht,
so daß er ihm Freude gewährt, wenn diese durch den
Willen und das Werk, jene durch den Willen ohne das
Werk, andere aber durch das Werk ohne den Willen
das Heil erlangen; da es sein Wille ist, daß alle selig
werden und zu seiner Erkenntniß gelangen. Denn dies
ist das ewige Leben, daß wir den Vater, den wahren
Gott, und den er gesandt hat, Jesum Christum erkennen, welcher mit ihm als einiger und wahrer Gott über
Alles gepriesen sey von Ewigkeit zu Ewigkeit. Amen!